أصوات من قرى مهجرة

المملكة الأردنية الهاشمية
رقم الإيداع لدى دائرة المكتبة الوطنية
(2024/2/868)

813.9
أصوات من قرى مهجرة؛ . صبيح ، حسام جميل.. عمان؛ جفرا ناشرون وموزعون 2024

ر.إ.: (2024/2/868)

الواصفات: /القصص العربية/ /الأدب العربي/ /العصر الحديث /

جفرا ناشرون وموزعون
عمان -الاردن
تلفون : 00962781332881 - مراد سارة
ايميل : muradsarah01@gmail.com

إهداء :

أهدي هذا الكتاب إلى كل من أجبر وهجر من أرضه، بيته أو وطنه بأي سبب من الأسباب. وإلى كل من يعرف ويدرك ويتعاطف مع أولائك المشردين والمبعدين والمهجرين غصب عنهم في المخيمات والمهجر.

حسام حمدان

كفرراعي /بوسطن

٢٠٢٤/٢/٢١

"لُوْمْ"

ضَرْبِ الواحَدْ ضَرْبِ اثْنينْ

أَجِيبْ الصَّبْرِ أَجِيبُهْ امْنينْ

يَغارونَ عَلَيْها نَهاراً وَليلْ

كُحْلَ العَينِ عَلى الخدِّينْ

الآنَ يلَومٍ مَنْ مِنْهُمْ المَسْؤُولْ عَنِ المَعْبَرْ!.

حسام حمدان

كفرراعي /بوسطن

٢٠٢٤/١/١٦

" لُومٌ "

ضَرْبُ الْوَاحِدِ ضَرْبُ اثْنَين

أَجِيبُ الصَّبْرَ أَجِيبُ أَمْنَين

يَغَارُونَ عَلَيْهَا نَهَاراً وَلَيْل

كُحْلُ الْعَيْنِ عَلَى الْخَدَّيْن

الْآنَ يَلُومُ مَنْ مِنْهُمُ الْمَسْؤُولُ عَنِ الْمُغَيِّب.

حسام حمدان
كهربائي / بوسطن
٢٠٢٤ / ١ / ١٦

"حَنَكْ /حَنَch"

طِلِعْ حَنَch/حَنَكْ فَاضِي وَبَعَينِهِ شَحَّادْ

مِنْ حَوْلَ رَقْبَتِهِ وَلَعِنْدَ صُرَّتِهِ تَدَلَّى قِماشَ البِلادْ

فِيهِ طُبَّةَ خَيْطٍ وَإِبْرَةً بِدَوْرَةِ نَهادْ

كُلَّما وَضَعَ يَدِهِ فِيها غَزَّتْهُ آخٍ مِنْها أَرْضَ العِبادْ

حسام حمدان

كفرراعي /بوسطن

٢٠٢٤/١/٢٠

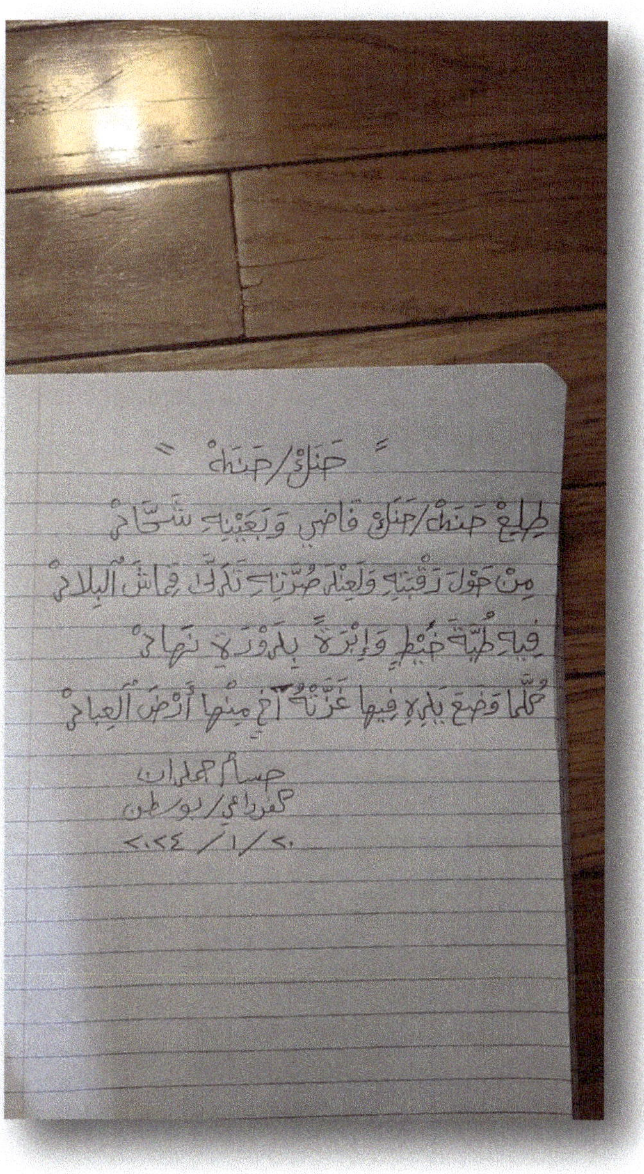

حَنّاك/مِنّاك

طَلْع حِنّاك/مِنّاك قاضي وبعينه شجّان
من حول رقبته ولعله صرّنا نَدري قُماش البلاد
فيه طيّة خيط وإبرة يلفونه نهار
كلّما وضع يده فيها عرنة آخ منها أرض العبّان

حسام حمدان
كفرداعي/يوطن
٢٠٢٤/١/٢٠

" لاَهايْ "

ظَاهِرَهُ حُرِّيَةً وَديمُقْراطِيَّةً وَحقوقَ إِنْسانْ

بَاطِنَهُ إِضْطِهاداً وَتَشْريداً وَإِحْتلالَ إِنْسانْ

عِرْفو مَا بِصِدْرُهْ طِلِعْ إِمْخَبَّى بِجِلْدُهْ بِقِشْرُهْ

أَحْرارَ وَقُضاةَ العالَمْ شَاهَدوا وَيَشاهِدونَ مَرارَةِ فِعْلُهْ

لَعَلَّ جَمْعَهُمْ بلاهاي فِطاماً لَلهايَةِ إِسْتِعْمارَا

أَطْفالاً تَريدُ أَنْ تَكْبَرَ وَتَعيشَ أَحْراراً

حسام حمدان

كفرراعي /بوسطن

٢٠٢٤/١/٢١

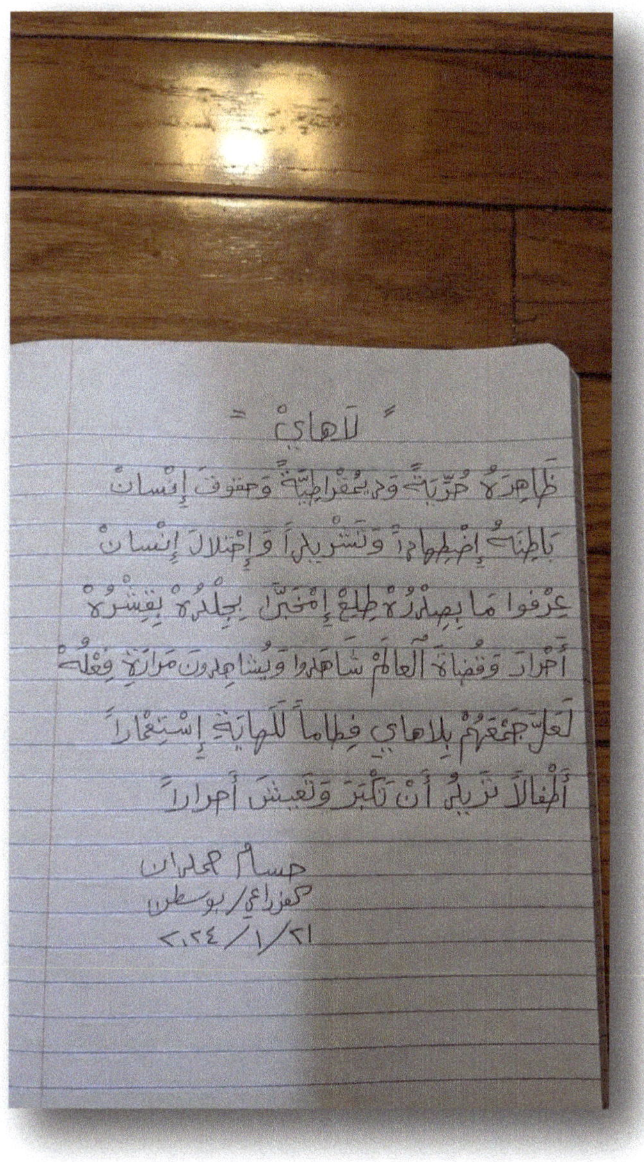

= لاهاي =

ظاهرها حرّيةٌ وديمقراطيةٌ وحقوق إنسان
باطنها إضطهاماً وتشريداً وإذلالَ إنسان
عرفوا ما بصدره طلع إمخبّى بجلده يقشره
أحرارٌ وقضاة العالم شاهدوا ويشاهدون مرارة وغلّه
لعلّ جفعرهم بلاهاي فطاماً للهاية إستعماراً
الأطفال تربّى أن تكبر وتعيش أحراراً

حسام حمدان
كفرزاعي / يوسطن
٢٠٢٤ / ١ / ٢١

" إعْذِرني "

أَنا أَتَعامَلْ نَقْدِي دَائِماً عَلى عَهْدِي

إِعْطيني رَقَمْ مُغْري تَقْبَضْ على بَغْتِهْ

لَفْ وَرا ظَهْري تَفاوَضْ مَعْ خَصْمِي

أَعْطاهُ رَقَمْ سُخْري نَدَمْ يَعْلِقُ بَهْتِهْ

طَنيبْ عَليكْ إِعْذِرني مَا بَسْوى بَصَلِهْ

حسام حمدان

كفرراعي /بوسطن

٢٠٢٤/١/٢٥

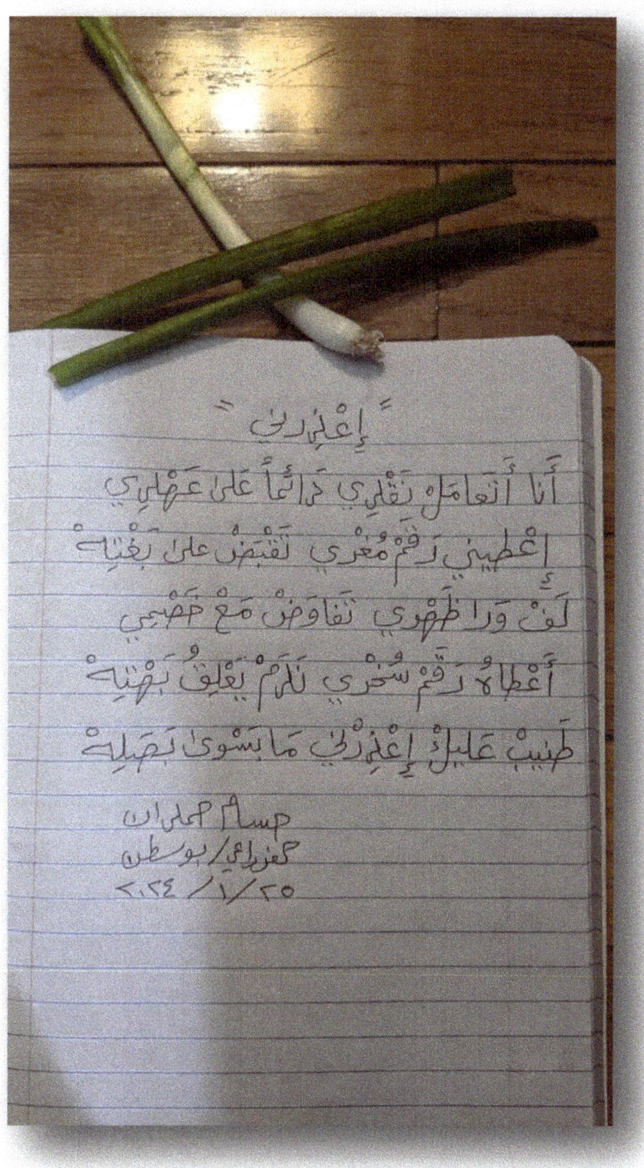

"إعْذِرْني"
أنا أتعامل نقدي دائماً على عجلتي
أعطيني رقم معري تقبض على بقيتها
لف ورا ظهري تفاوض مع مصيري
أعطاك رقم سري لكم يغلق بقيتها
طنيب عليك إعذرني ما تسوى بصلة

حسام حمدان
كفربلاعة / بوسطن
٢٠٢٤ / ١ / ٢٥

" دَارْ "

الزَّيتونْ خَرَطْناهُ وَدَرَسْناهُ عِنْدَنا بِجِرارْ

المَاعِزْ المَوَاشي الأَبْقارْ تَعودَ بِدِرارْ

دُرَّةَ شَاطِرٍ تَدورُ حَوْلَها دَارْ

الأَرْضْ إِنْ دَاريتْها تَدِرُّ عَلَيْكَ كِفايَةْ مَدارْ

حسام حمدان

كفرراعي /بوسطن

٢٠٢٤/١/٢٣

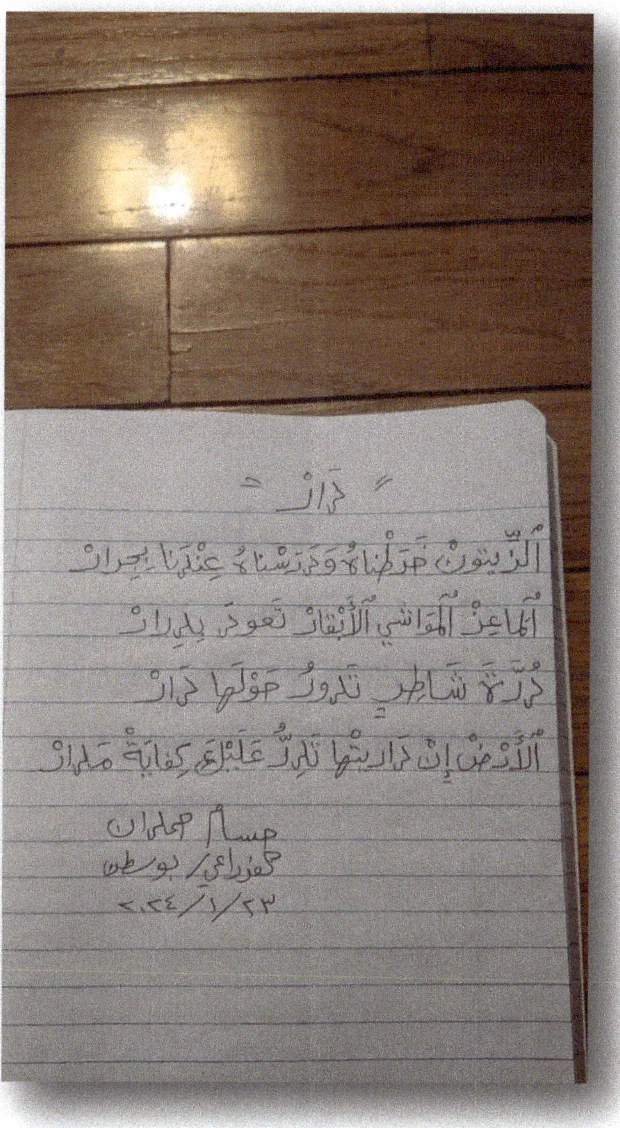

خَزّان

الزَّيتونْ خَرَطْناهُ وفي زُشْناهُ عَنَّا بِجِرانْ

المَاعِزْ المَوَاشِي الأَبقَارْ تَعُودُ بِديرانْ

دَرْبَهْ شَاطِرْ تَدُورُ حَوَّلُها خَزّانْ

الأَرْضِنْ إنْ خَارِثْها تَدِرُّ عَلَيكَ كِفَايَة مَدَرَانْ

حسام حمدان
كفرزاعى / يوطة
٢٠٢٤/١/٢٣

" لَحِنْ "

يَا عَينْ مُولَيَّةٍ يَلْعَبها العَقْلِ لَحْنَ حَميمْ

القَلْبْ قَدَّرَ الحُبَّ مَنازِلَ وَعادَ شَغَفٍ قَديمْ

فَنَّةَ القِرْشِ وَجْهاً خَصْباً وَوَفْرَهْ

أَنْفاساً عَلَيْهِ تَسْرَحْ وَتَمْرَحْ رُوحَةً وَرَجْعَهْ

عَيني يَا مُولَيَّ وَضْعَكْ يَا وَطَنْ صَعْبانْ عَلَيَّ

حسام حمدان

كفرراعي/ بوسطن

٢٠٢٤/١/٢٢

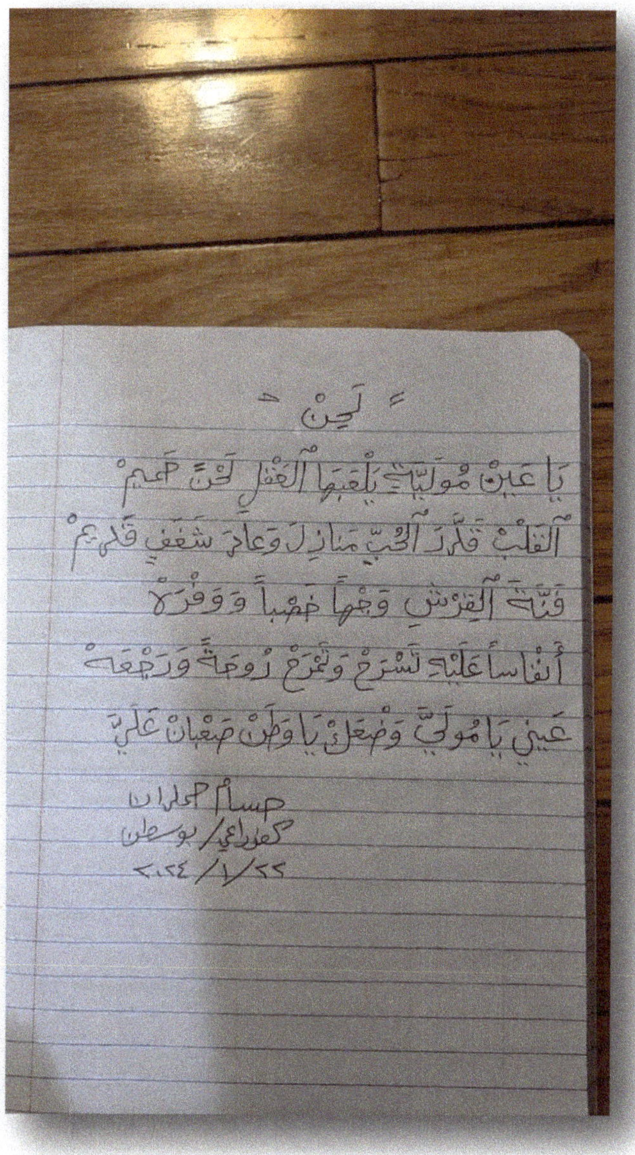

أنين

يا عينُ مولايَ يلعبها العقلُ لكنْ عميمْ
القلبُ قدّرَ الحبَّ منازلَ وعادَ شغفٌ قلبهمْ
قبّةُ القرشِ وجهَها خِصباً وفراً
أنفاسٌ عليكَ تشرحُ وتمرحُ روحةً ورجعةً
عيني يا مولايَ وضعلٌ يا وطنْ صعبانْ عليَّ

حسام محمد
كوراعي / بوطن
٢٠٢٤/١/٢٢

" رَأْفَةْ "

لَعَلَّهَا جُمْعَةَ تَبَيُّنْ تَبِينَ

رَأْفَةً بِمَنْ شَكْوَاهُم لاَ تَبِينُ

حسام حمدان

كفرراعي /بوسطن

٢٠٢٤/١/٢٦

" رَأْفَة "
لَعَلَّهَا جُمْعَة تَبَيَّن تَبَيَّن
رَأْفَة عَن شَكْوَاهُم لَا تَبَيَّن

بسم مهران
كفرزاعي / بوطن
٢٠٢٤/١/٢٦

" لَوْ أنَّني ... "

لَوْ أَنَّني لاَ أَحِبُّ الحَياةْ

لَقَبِلْتُ وَرَضَيْتُ بواقِعِ الحَياةْ

لَكِنَّني أَقاوِمْ وَأَضَحِّي لأَنَّني أَحِبُّ الحَياةْ

بِعِزَّةٍ وَبِكَرامَةٍ وَبِحُرِّيَةٍ وَبِإِسْتِقْلالٍ أَبْغِيها الحَياة

بِالدَّنْيا وَبَعْدَ المَماتْ فَكَيْفَ تَلومَني مُحِبَّ الحَياةْ!

حسام حمدان

كفرراعي /بوسطن

٢٠٢٤/١/٢٧

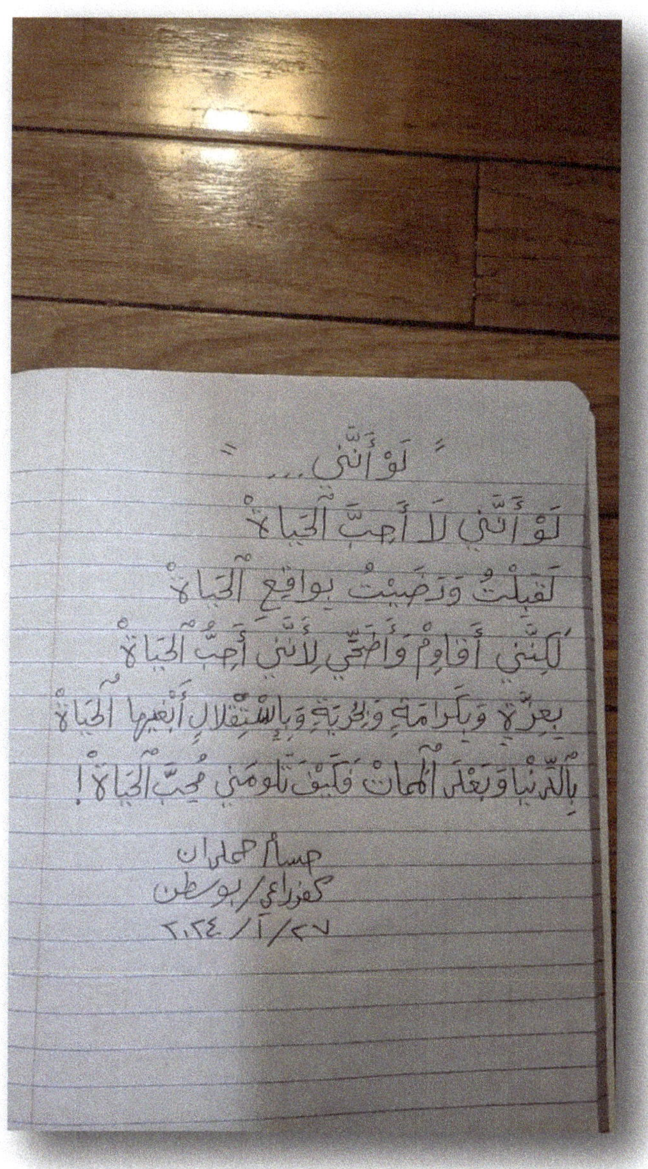

لَوْ أَنَّني ...

لَوْ أَنَّني لَا أُحِبُّ الْحَياة
لَقَبِلْتُ وَرَضِيتُ بِواقِعِ الْحَياة
لَكِنَّني أُقاوِمُ وَأَمْضي لِأَنّي أُحِبُّ الْحَياة
بِعِزَّةٍ وَكَرامَةٍ وَحُرِّيَةٍ وَبِالْاِسْتِقْلالِ أُغَيِّرُها الْحَياة
بِاللهِ نَبْيا وَيَغْلِبُ الْأَمانُ فَكَيْفَ تَلومَني مُحِبَّ الْحَياة!

حسام حمدان
كفرزراعي / وطن
٢٠٢٤ / ٦ / ٢٧

" مُمْكِنْ "

مَحْكَمَةْ العَدْلِ الدَّوْليَّةْ :

إعْطي كُلَّ ذِي حَقٍّ حَقُّةْ

لَكَ مَاطابونًا وَطَابورْنا خَراخِيشْ وَقَراقِيشْ وَمَناقِيشْ

الجِنْ جَابَ لِسِينْ عَرْشِ بَلْقِيسْ سَلامْتَكْ وِتْعيشْ

حسام حمدان

كفرراعي /بوسطن

٢٠٢٤/١/٢٨

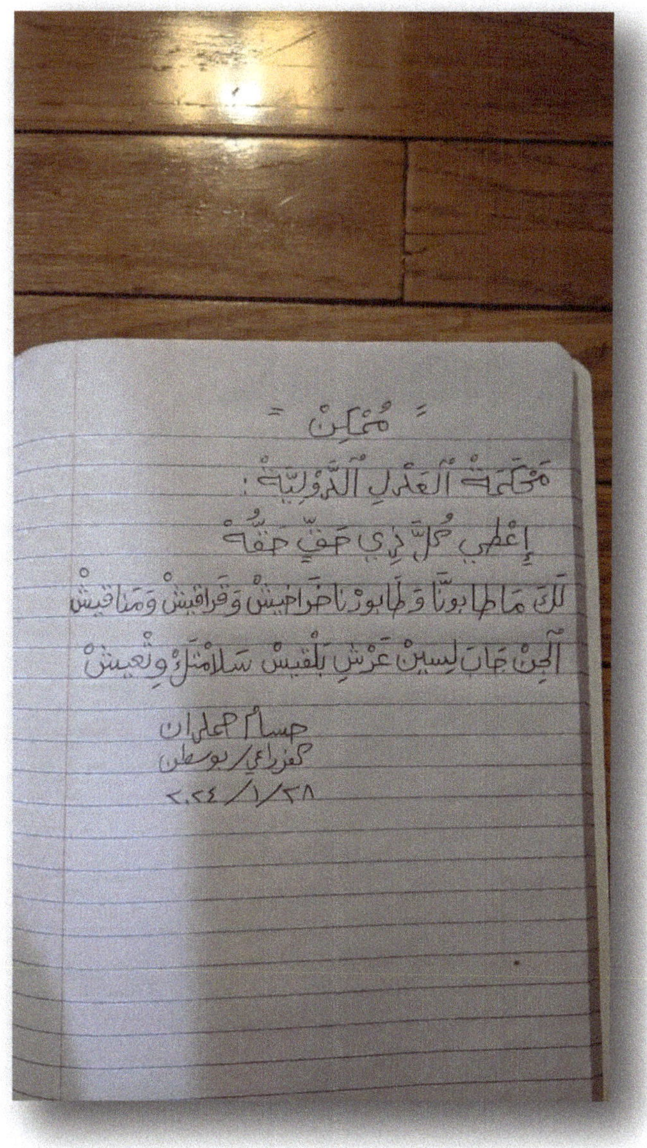

مُمْكِن
مَحْكَمَةُ العَدْلِ الدَّوْلِيَّة:
إِعْطِي كُلَّ ذِي حَقٍّ حَقَّه
لَكِ مَاطابونا وطابون ناضراميش وقرافيش ومَقاييش
الجِن جَان لِسِين عَرش بلقيس سَلامْتَك وتَعِيش
حسام عجلان
كفرزارعي / بوطن
٢٠٢٤ / ١ / ٢٨

" فِكْرَهْ "

كَرْمِزْلَكْ قَرْفِصْلَكْ إِشْوَيَّةْ فَتْرَهْ لَفَتْرَهْ

خُذِ العالَمْ بِدُرَّةِ فِكْرَهْ

شَهْوَةً وَعَلى بَالِ مُحِبّاً لِلسَّلامِ مَسَرَّةْ

طَبْخَةَ عَكُّوبْ وَمَيَّةَ عَكْروتْ تَتْعِشَ القُلوبِ مَحَبَّةْ

حسام حمدان

كفرراعي/ بوسطن

٢٠٢٤/١/٣١

« فِكْرَة »

كَرِّمْ زَلَّكَ فَرْ وَفِضْلَكَ إِسْوَرَّة فَتْرَة لَفْتَرَة

خَلِّي الْعَالَم بِدَرَّة فِكْرَة

شَهْوَة وَعَلَى بَالِ مُحِبّاً لِلسَّلَام مَسَرَّة

طَيِّبَة عُكُون وَمَبَّة عُكْرُون تُنْعِش الْقُلُوب مَحَبَّة

حسام ... لبنان
كفرواري / وطن
٢٠٢٤ / ١ / ٣١

" يَاءْ... "

يا عَيِبَكْ يَا خَجَلَكْ تّعْنِي فَشَلَكْ

خَاصَّةً مِنْ أَهْلَكْ وَأَصْدِقاءْ عَمَلَكْ

وَإِنْ كَائِتْ مِنْ خَصْمَكْ قَدْ تَجِيبْ أَجَلَكْ

يَاءً أَسْتُري مَنْ أَتى قُدَّامِكْ مُعِيباً مُخْجِلاً لَكونِكْ

حسام حمدان

كفرراعي/ بوسطن

٢٠٢٤/١/٣٠

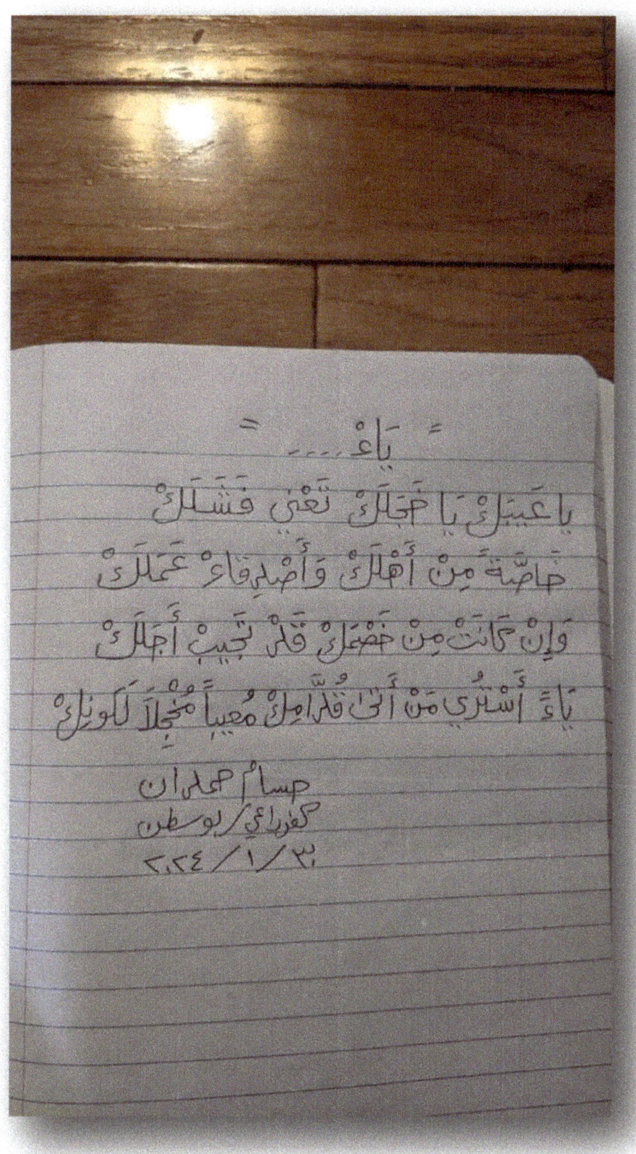

يا ....

يا عَينَيَّ يا خَجَلَك تَغنّي فِشَلَك

خاصّة مِن أهلَك وأصدِقاء عَمَلَك

وإن كانَت مِن حَضَرِك قَلَّ نَجيب أَجَلَك

ياء أشتَري مَن أنّي قَدّامَك مَعيباً مُخجلاً لكونَك

حسام حمدان
كفرباعي / يوطن
٢٠٢٤ / ١ / ٣

" أَزِرْ "

مَالُوشْ بالعادِه

سَارِحْ عَلى الأَرضْ بدونْ زِوَّادِه

عَشَّبَ وَفَسَخَ مَنْ إِتْشَعْبَطَ وَإِمْتَدَّ إِمْتِدادِ

مَعَ الظَّهيَرَةِ عَرَقِهِ بِشُرْ جُوعِهِ وَعَطَشِهِ رَمادِ

بِثَوْبٍ أَزْرقْ سَماوي طَلَّتْ عَلى رَأْسِها جَرَّةْ وَبِيَدِها الزَّادِ

حسام حمدان

كفرراعي/ بوسطن

٢٠٢٤/١/٢٩

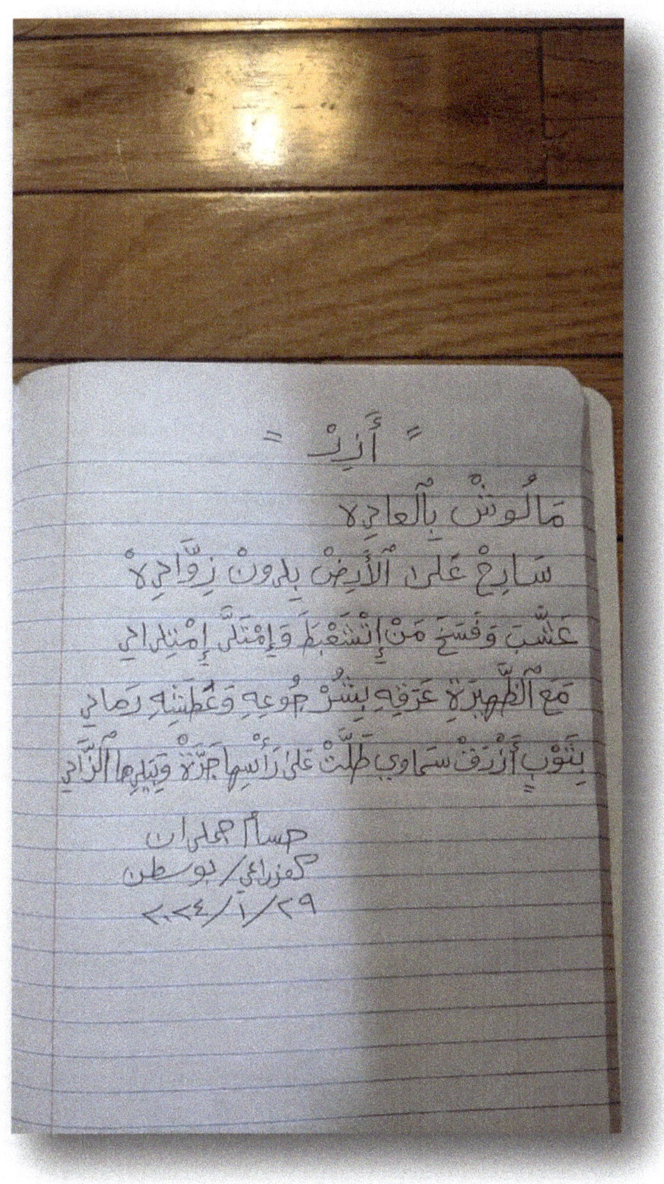

= أَرْض =

مَالُوشْ بِالعَادِلة

سَارِعْ عَلى الأَرْضِ بِدُونْ زِوَادِلة

عُشْبْ وَفَسَحْ مَن انشَغَلَ وِإِمْتَنْ إِمْتِدَادِي

مَعَ الطَّهِيرَة عَرَفْهُ بِشَرْ جُوعِهْ وَعَطَشَهْ رَصَانِي

بِثَوْبْ أَزْرَقْ سَمَاوِي طَلَّتْ عَلى رَأْسِهَا جَرَّة وَيُدِيرُها الزَّانِي

حسام حمدان
كفرزايي / يوسطن
٢٠٢٤ / ١ / ٢٩

" دَكْدِك "

لَكَ السّدهْ وَلَنَا الرَّدّهْ

رَدّينا عَلَيْهِ بِصَحْنٍ مَوَدّهْ

دَكْدِكْ يَابا مَا شَبعَ وِذِفْ

حسام حمدان

كفرراعي/ بوسطن

٢٠٢٤/٢/١

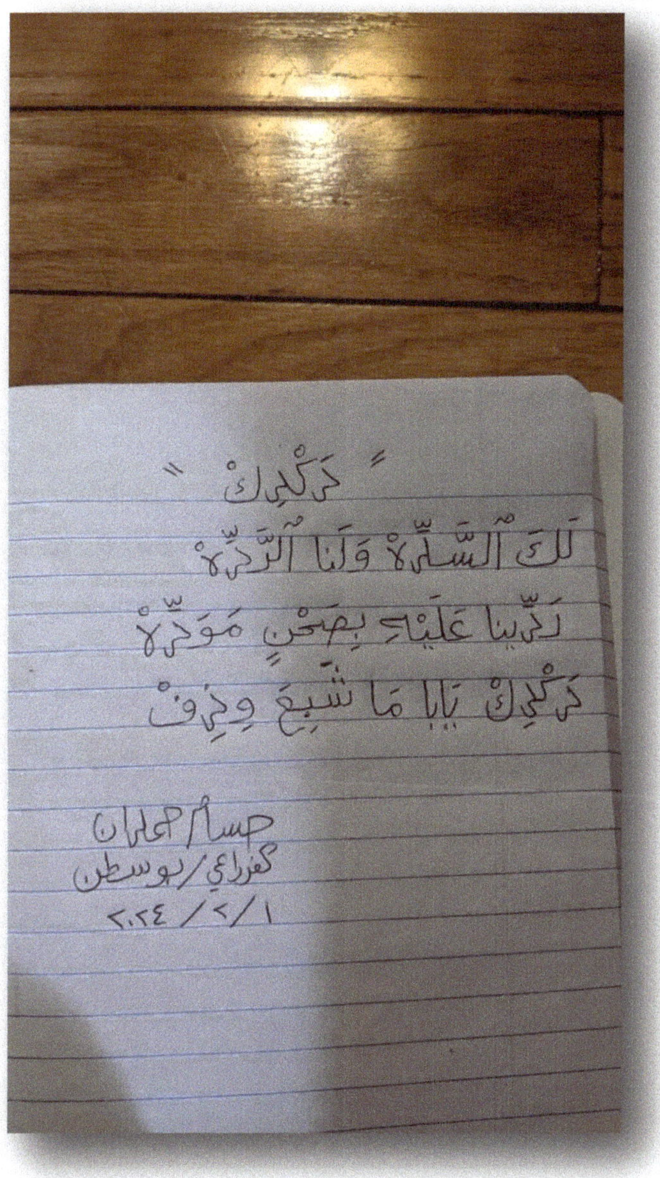
" كَرَكَديك "
تلّك السَّنَه وَأنا الزّنَّه
تَرَّبينا علينا بصغّن مَوَدَّه
كَرَكَديك يابا ما شبع ونَحّف

حسام العجلان
كفراعي / بوسطن
٢٠٢٤ / ٢ / ١

" تَفاعُطْ "

أَنْ مَشَيْنا تَفاعُطاً عَلَيْنا :

جَنادِباً عَنْ أَجْنابِنا

ضَفادِعاً مِنْ أَمامِنا

أَطْفالاً مِنْ خَلْفِنا

ظُهورَنا صُدورَنا أَخْصَارَنا تَعْرِفُ الحِنِيَّةْ

حسام حمدان

كفرراعي/ بوسطن

٢٠٢٤/٢/٣

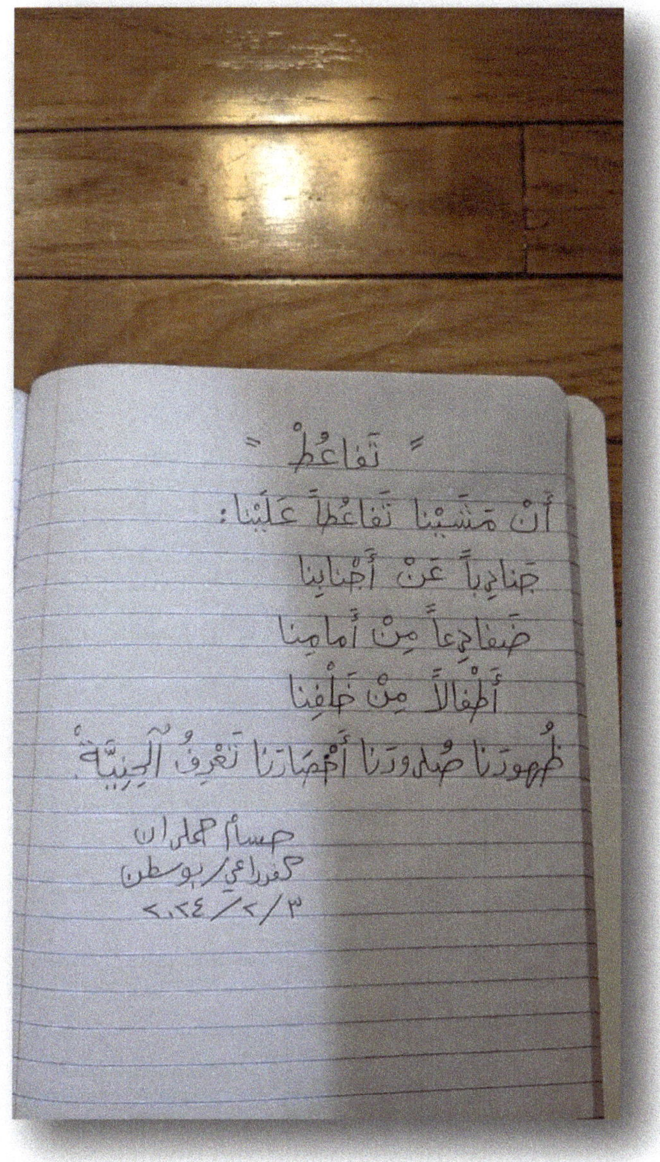
= تَفَاعُط =
أنْ مَشَيْنا تَفَاعُطاً عَلَيْنا:
جنائزاً عن أجنابِنا
ضفادعاً من أمامِنا
أطفالاً من خلفِنا
ظهورُنا صدورُنا أحضانُنا تعرفُ الحنيّة

حسام حمدان
كفراعي/يوسطن
٢٠٢٤/٢/٣

" عُقْد "

أَلْعُقْدُ المَرَصَّع بِالمجَوْهراتِ بَيْنَ يَدَيْكَ مُسْتعاراً

تَحْبِكَهُ عَلى رَقْبَتِها هَدِيَّةٍ عَاراً

لاَ يَليقَ بِالقَهْرِ وَالذُلَّ وَالحِرْمانِ وَالصَّبْرِ عُقوداً

بِلَحْظَةٍ بدونِ عُذْرٍ يُنْزَعَ وَمَحَلِّهِ قُيوداً

حسام حمدان

كفرراعي /بوسطن

٢٠٢٤/٢/٤

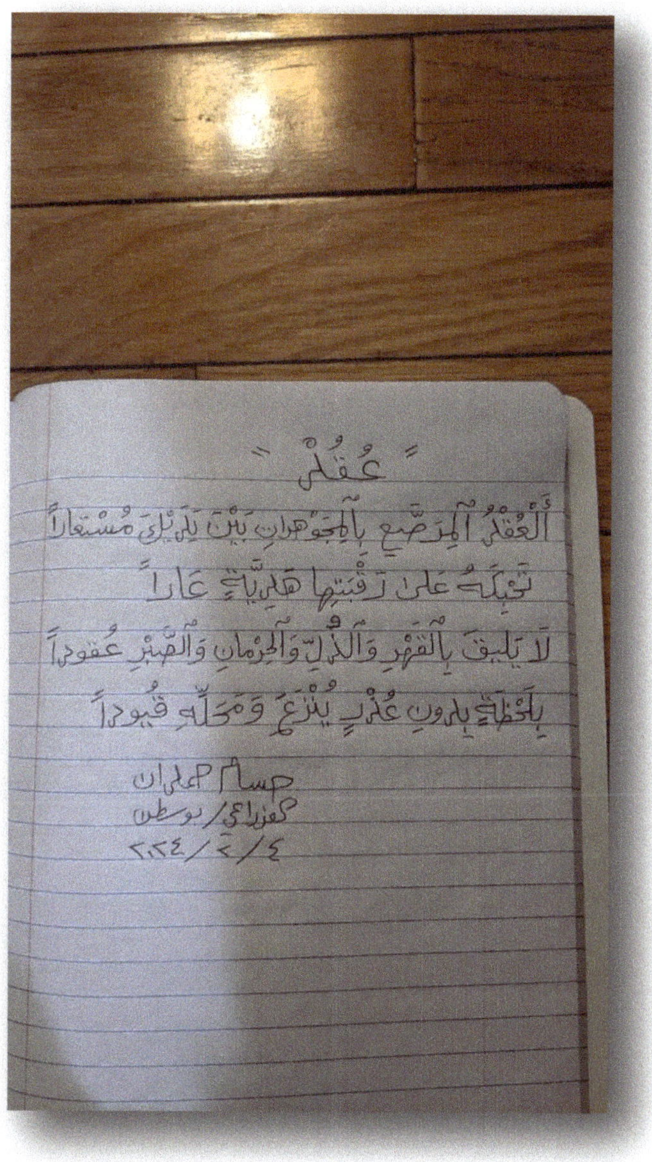

عُقْدٌ
العُقْدُ المُرَصَّعُ بالجَوهَران بَيْنَ يَدَيْ نَزْلِي مُسْتَعارَا
تُزَيِّنُكَ على رَقَبَتِها هَدِيَّةً عارَا
لا يَليقُ بالقَهْرِ والذُّلِّ والحِرْمانِ والصَّبْرِ عُقودَا
بألْفاظٍ بِدونِ عُذْرٍ يَنْزِعُ ومحلَّهُ قُيودَا

حسام مهران
كفرزياعي / بوطن
٢٠٢٤ / ٢ / ٤

" النَّصِرْ "

لَّهُ وَإِليْهِ تَراني رَاكِبْ

يفْنَعِص عِنْدَما إِرْتِجالاً وَمَراجِلْ

الطَّريقَ وَعْر هَلَعاً هَرَعاً وَلَعاً وَرَعاً

إِنْدَبيتْ إِدَّاويتْ نَطِّيتْ بِالرِّكوبِ ظَلِّيتْ

النَّصْرُ الحَقَيقيُّ وَالدَّائِمُ يَأْتي عَلى مَراحِلْ

حسام حمدان

كفرراعي /بوسطن

٢٠٢٤/٢/٦

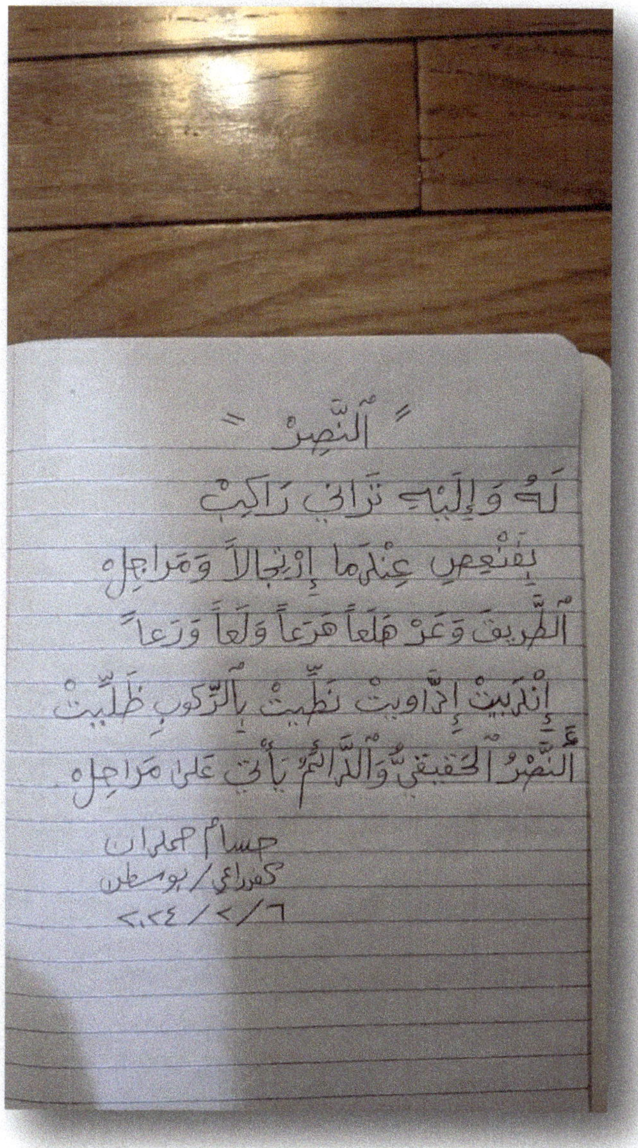

" النَّصْرُ "

لَكَ وإلَيكَ تَرانِي رَاكِبٌ

يَنْفَعُني عِنْدَما إزجالاً ومَراجِلَه

الطَّريفُ وعَنْ هَلَعاً هَرَعاً ولَعاً وَرَعاً

إنْ دَرَيتُ إنَّ أَوَيتُ نَطَيتُ بالرُّكوبِ ظَلَّيتُ

النَّصْرُ الخَفِيُّ والدَّائِمُ يأتي على مَراجِلِه

حسام حمدان
كَمرائي / يوسطن
٢٠٢٤ / ٢ / ٦

" مِشْوارْ "

إِشْتَرِيناهُ كُرّاً صَغيراً

دَلَّلْناهُ زَمَنٍ ظَهْرَهُ كَفيلاً

طَبَّعْناهُ حِماراً يَحْملَ حِمْلاً وَيَحْرُثَ أَرْضاً

يَعيشَ لَها وَعَلَيْها مُطيعاً وَخَدوماً

يَجْمَعْنا قَدَراً عِبْيءٍ ثَقيلاً وَمِشْواري طويلاً

مِشْ قادِراً أَمْشي إِحْمِلْني عَلى ظَهْرَكْ رُكوباً

حسام حمدان

كفرراعي /بوسطن

٢٠٢٤/٢/٥

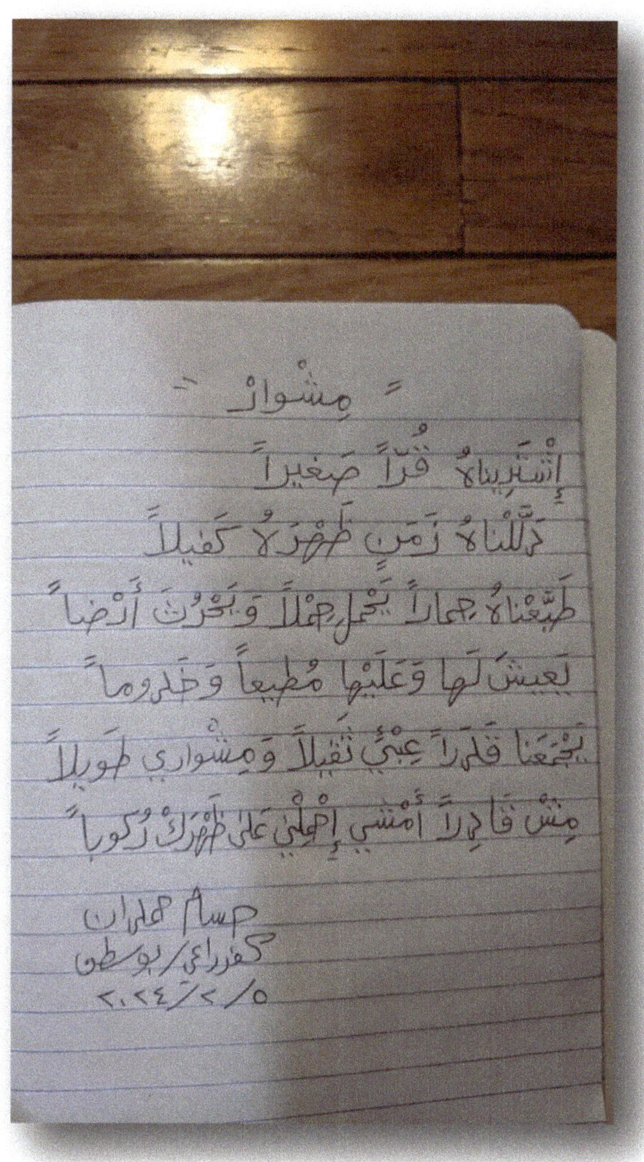

= مِشْوارٌ =

اشتريناهُ قُرّاً صغيراً
دلّلناهُ زمنْ ظهرُهُ كفيلاً
طبعناهُ حماراً يحمل حملاً وبذرتُ أيضا
لعيشٍ لها وعليها مُطيعاً وظلموها
يجمعنا قدراً عبئٌ ثقيلاً ومشواري طويلاً
مش قادرة أمشي إهلي على ظهرك ركوبا

حسام هدران
كفرراعي / وطن
٢٠٢٤/٢/٥

" بَيْضْ "

خُشَّةَ التِّبْنِ حِيطانِها طِيناً

هَواها يَقَظَةً وَإِنْسِجاماً حِينٍ لَحِيناً

عُرْفَ الدِّيكَ عَرَفْناهُ وَيَعْرِفَ أَعْرافاً

حُرّاً طَلِيقاً مَسْعاهُ ولاَ يَخَافاً

دَحْدَلَةً وَفَعْفَلَةً عَلى التِّبْنِ مَتْناً وَلِيناً

بَلَدِيٌّ وَشَلَبِيٌّ البَيْضَ مَكْنوناً وَمُبيناً

حسام حمدان

كفرراعي/ بوسطن

٢٠٢٤/٢/٤

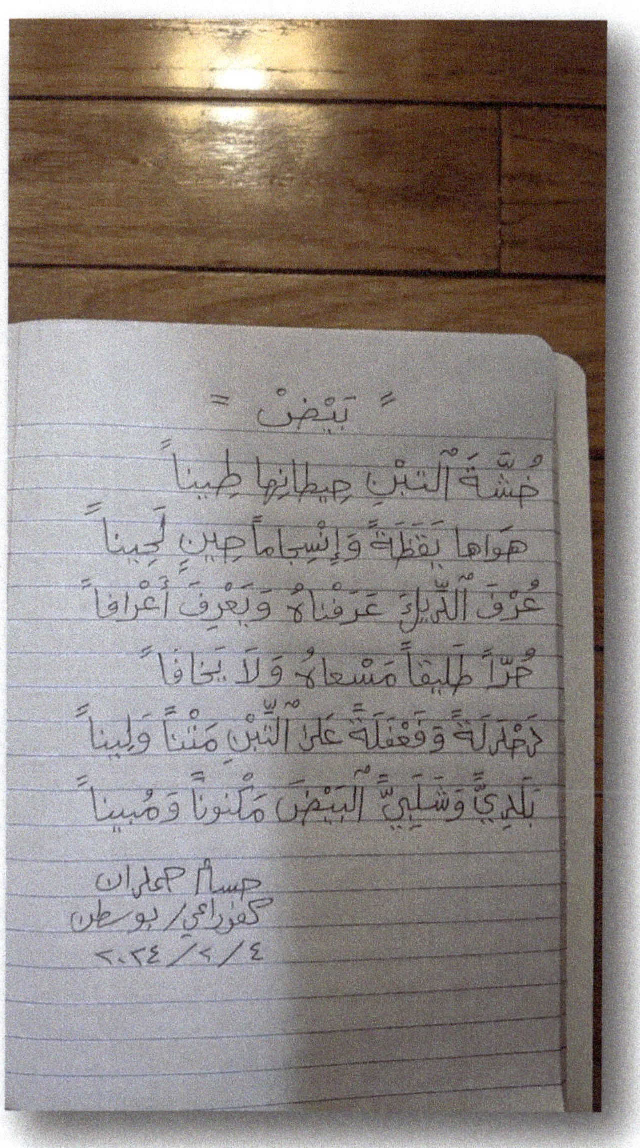

= تَبِيضٌ =

خَشْيَةُ التِّبْنِ حِيطَانُها طِينَا
هَوَاهَا يَقْظَةٌ وَإِنْسِجَامًا حِين لِينَا
عَرْفُ الدِّيَارِ عَرَفْنَاهُ وَيَعْرِفُ أَعْرَافَا
حُرًّا طَلِيقًا مَسْعَاهُ وَلَا يَخَافَا
خَمِيرَةٌ وَغَفْلَةٌ عَلَى التِّبْنِ مَتْنًا وَلِينَا
بَلَدِيٌّ وَشِلْيٌّ التَّبْيِضُ مَكْنُونًا وَمُبِينَا

حسام عجلان
كفرامي / بوطن
٢٠٢٤ / ٢ / ٤

" وَرْجينا... "

رَبِّي شَالَ عَنْ عِينَيَّ غِشاوَةْ

مَا يَصْدُرَ مِنِّي وَعَنِّي بَصَرِ بَصيرَةْ

وَرْجينا مَا تَراهُ بِعيونِ حَظيرَةْ

حسام حمدان

كفرراعي/ بوسطن

٢٠٢٤/٢/٧

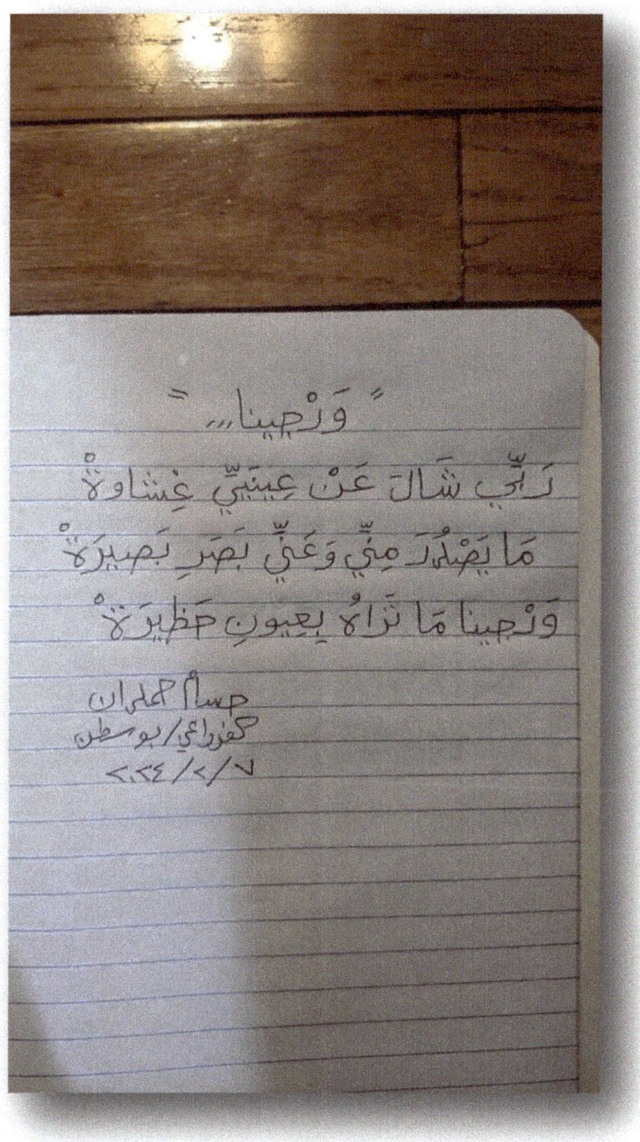

" وَنُحْيِينا... "

رَبِّي شَال عَنْ عَيْنَيَّ غِشَاوَة

مَا يَصْدُر مِنِّي وَعَنِّي بَصَر بَصِيرَة

وَنُحْيِينا مَا نَرَاهُ يَعيون عَظِيرَة

حسام حمدان
كفرزراعي / بوسطن
٢٠٢٤ / ٢ / ٧

" قُدْرَةْ "

وَسِعَتْ قُدْرَةً عَرْضَ ذِراعَيْنْ

بِضَمَّةٍ أَلإِثْنَيْنَ وَاحِداً وَالْمُبْهَمْ بِعَيْنْ

مَنْ عِنْدَهُ قُدْرَةَ أَلقَلْبَ بِمُفْتاحَيْنْ

مُفْتاحاً لَكَ شَرِّعِ الحُبْ بِمِصراعَيْنْ

حسام حمدان

كفرراعي/ بوسطن

٢٠٢٤/٢/١١

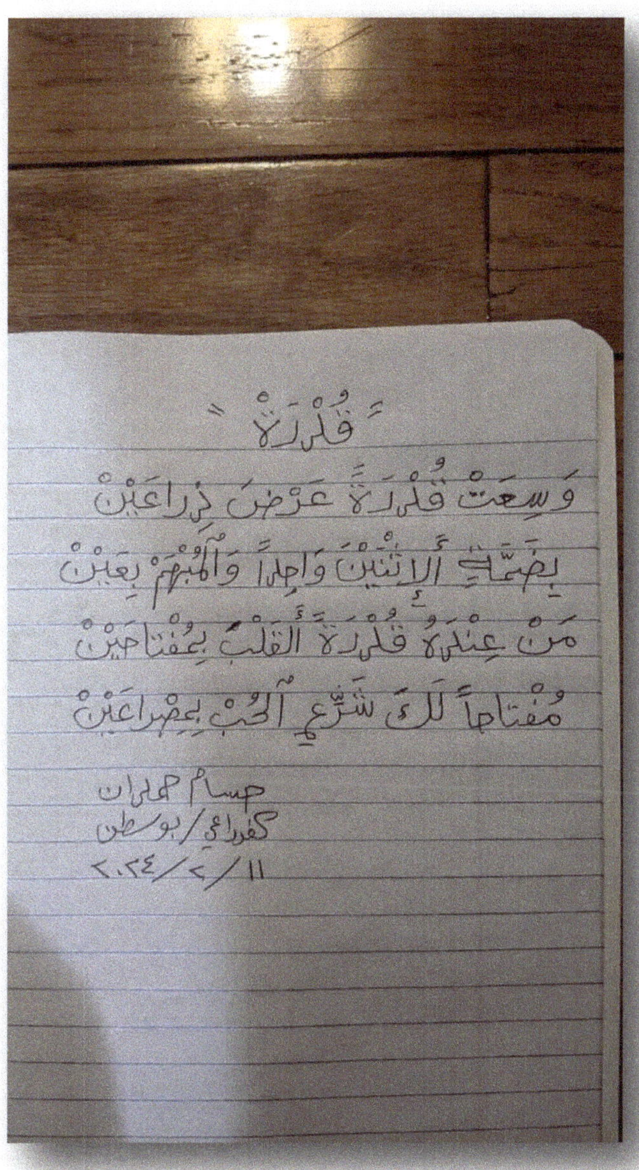

قُدْرَة

وَسِعَتْ قُدْرَةٌ عَرْضَ ذِرَاعَيْن
بِضمّةِ الاثْنَيْن وَاحِداً وَالْمُبْهَم بِعَيْن
مَنْ عِنْدَهُ قُدْرَةٌ الْقَلْب بِعُقْنَاحَيْن
مُفْتَاحاً لَكَ شَرْعِ الْحُبّ بِعُقْرَاعَيْن

حسام حمران
كفرداي / بوطن
٢٠٢٤ / ٢ / ١١

" قُرى مُهَجَّرَة "

بِالغَصْبِ عَنْهُمْ وَبِأَسْلِحَةٍ صَوَّبوها عَلَيْهِمْ

أَجْبَروهُمْ عَلى إِخْلاءِ مَنازِلهِمْ وَالنّزوحِ إلى بِلادِ غَيْرِهِمْ

بخِيَمٍ وَمُخَيَّماتٍ أَحْضَروا مَعَهَمْ قُراهُمْ

يَقُصُّونَ قِصَصِهِمْ وَيَسْرِدونَ ذِكْرياتِهِمْ عَلى أَحْفادِهِمْ

وَعْدٍ وَعْدِهِمْ مَقَرِّهِمْ مُؤَقَّتٍ سَيَعودونَ لِوَطنِهِمْ

مَرَّتْ عِقودٍ تَمُرَّ سِنينٍ وَالأَحْرارَ بدينٍ وَعْدِهِمْ

حسام حمدان

كفر راعي /بوسطن

٢٠٢٤/٢/١٢

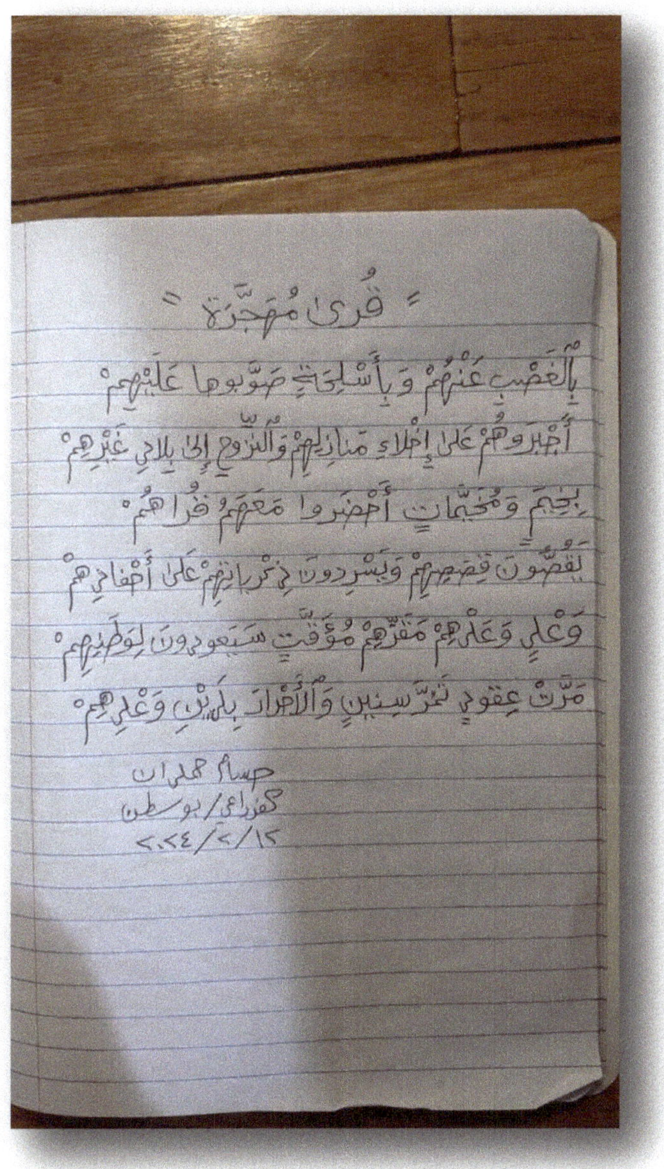

= قُرىً مُهَجَّرة =

بِالغَضَبِ عَنهُم وَبِأَسلِحَةٍ صَوَّبوها عَلَيهِم
أَجبَروهُم عَلى إخلاءِ مَنازِلِهِم وَالنُزوح إلى بِلادٍ غَيرِهِم
بِخَيمٍ وَمُخَيَّماتٍ أَحضَروا مَعَهُم فِراشَهُم
يَقُصّونَ قَصَصَهُم وَيَسرُدونَ ذِكرَياتِهِم عَلى أَحفادِهِم
وَعَلى وَعدِهِم مَقَرُّهُم مُؤَقّت سَيَعودونَ لِوَطَنِهِم
مَرَّت عُقودي نَمُرّ سِنينَ وَالأَحرار بِكَينونةٍ وَعَلَيهِم

حسام حمدان
كفرراعي / بوطن
٢٠٢٤/٢/١٢

" مُفْتاحْ "

سِيدي وَسِتِّي أَبوي وَإِمِّي مَا رَحَلُوا

وَعَلى الأَرْضِ صَمَدوا وَفَلَحوا وَتَحْتَ الثَّرى بنادُوا

رَوِّحْ يَالْمُغَرَّبْ صَدى الِمْفتاحْ صَدَّى بالسِّكَرَةْ

حسام حمدان

كفر راعي/بوسطن

٢٠٢٤/٢/١٤

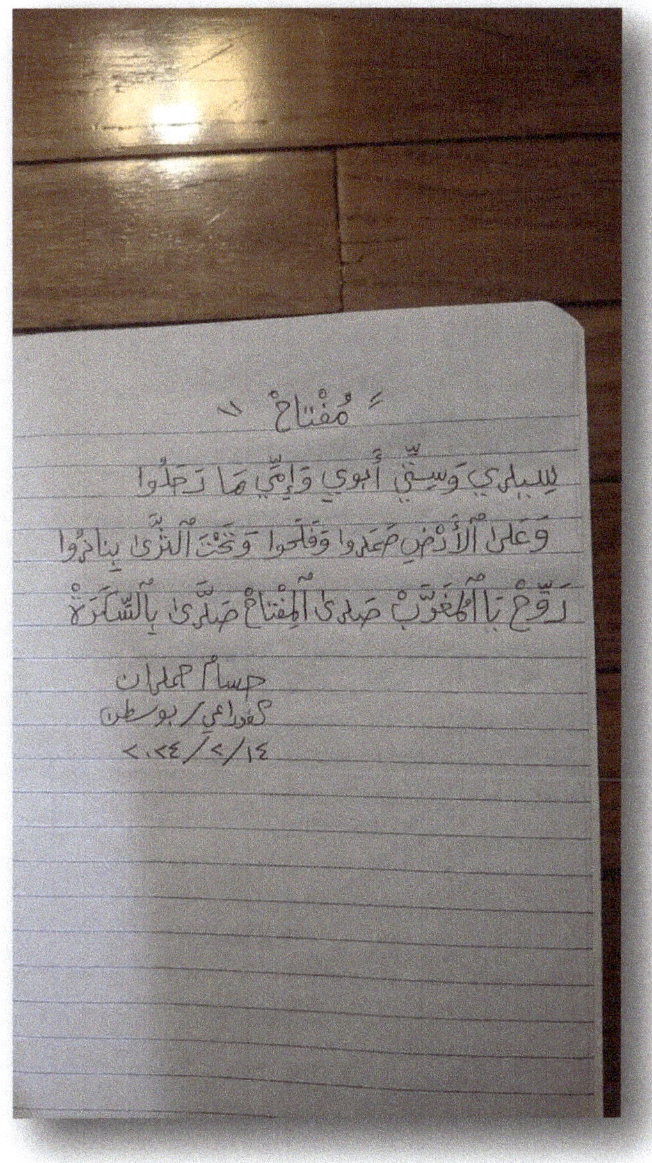

« مُفْتَاح »

لِلَيْلى وَسُقْيا أُبوي وَأُمِّي مَا رَحَلوا
وَعَلى الأَرْضِ صَمَدوا وَفَلَحوا وَتَحْتَ الثَّرى بِنادوا
رُوحُ يا المُغْتَرِب صَدى المِفْتاح صَدى بِالشَّكَرة

حسام حملان
كفرامي / بوطن
٢٠٢٤/٢/١٤

" تَمْسَحَةْ "

مِنْ زَمانْ غَسَّلْنا إِيدِينا مِنُّهْ

فَمَهْما لَكَشْتُهْ بِدون إِحْساسْ مِنْتَبِي جِسْمُهْ

يَتَظاهرونَ وَيَمْنَعونَ المَعوناتْ أَنْ تَمَرَّ المَعْبَرْ

حسام حمدان

كفر راعي/بوسطن

٢٠٢٤/٢/١٦

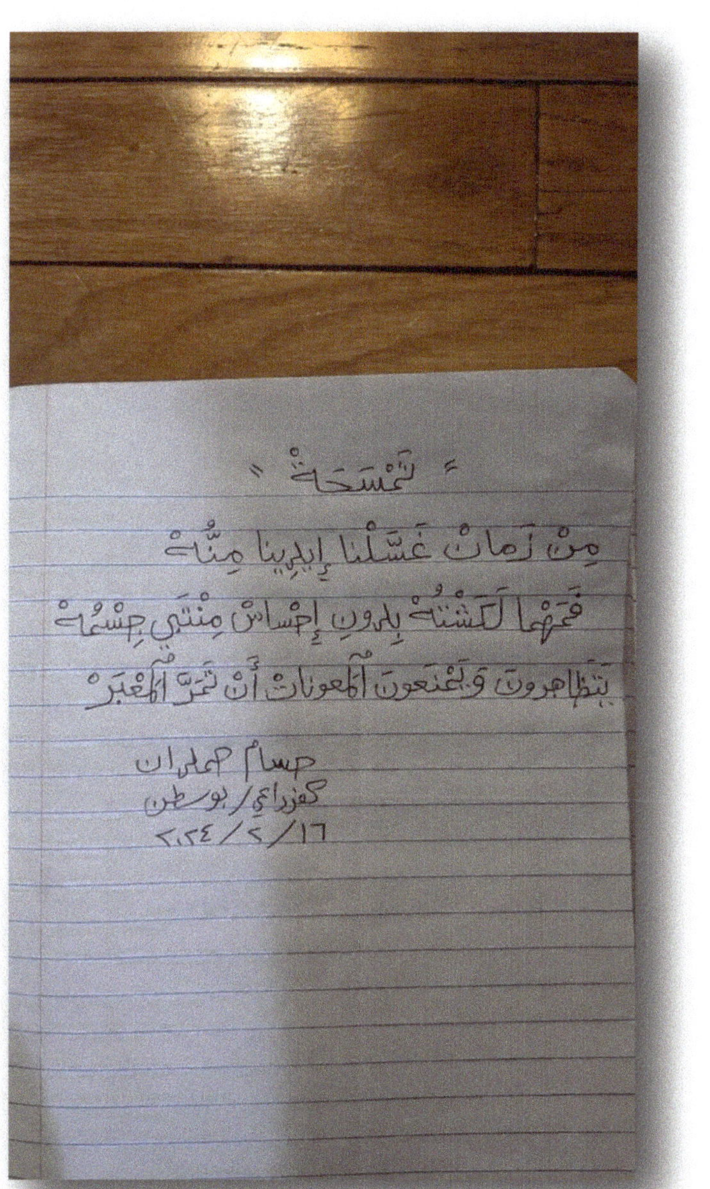

" تِمساحة "

مِن زَمان غَسَلْنا أيدينا مِنّه
فَهُمَا الكِشنَّه يِلّي بِدون إحساس مِنْتي جِشْعَه
يَنْتَظِرون وَيَمنَعون المعونات أن تَمُرّ المَعبَر

حسام حمدان
كفرداعي / بوسطن
٢٠٢٤ / ٥ / ١٦

" أَلرِّزْقَةْ "

المُفْتاحْ عَلَّقْ بالسِّكَرَةْ

لاَ يِلِفِّ لاَ يدورِ لاَ بطْلَعِ مِعَسَّرَةْ

يهُدوءٍ وَرَواقٍ أُتْرُكْهُ مَالَكَ نَصيبْ مَعْذِرَةْ

أَلرِّزْقَةْ إنْ كَانَتْ مِقَدَّرَةْ فهِي مِيَسَّرَةْ

حسام حمدان

كفر راعي/ بوسطن

٢٠٢٤/٢/١٧

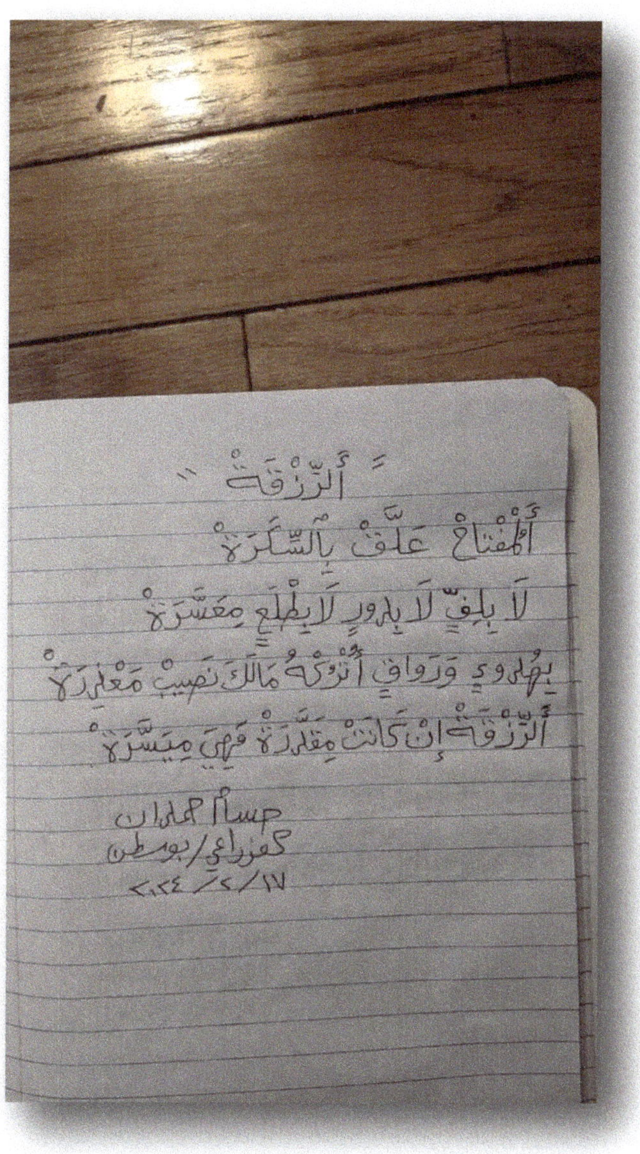
" الرِّزْقَة "

المِفْتاح عَلَّقْ بالشُّكْرَة

لا يَلِفّ لا بَدُورِ لا يَطْلَع مَعْشَرة

بِهِوى وَرَواق أنوّة مالَك نَصيب مَعْمَرة

الرِّزْقَة إن كانت مِقَدَّرة فهي مِيَسَّرة

حسام حمدان
كفرزعي / بوطن
٢٠٢٤ / ٢ / ١٧

خمسينية:

بسعد السعود الشجر صامدا ومعرى بمنايا

أيام الحياة تمر بدورة الخمسينية بمزايا

كانون النار أخذ وحوحة الجو ببصة عين.

حسام حمدان

كفرراعي/بوسطن

٢٠٢٤/٢/٢١

رز:

هو في حدا قد الرز لمن بكون منفوش بالسدر؟! فعلا العز للرز والبرغل شنق حاله. خليك على وصفتك القديمة يا أصيل.

حسام حمدان

كفرراعي/بوسطن

٢٠٢٤/٢/١٨

ترمس :

وانا اتسوق بمحل الأغذية، شافت عيني واجت إيدي على مرتبان ترمس مسلوق، وساعيتها تذكرت ساحاتنا ورددت بالخفية "طاح الدب تا يرقص ما خلى حبة ترمس".

إ شتريته لأليافه وبروتيناته وعناصره المفيدة للجسم، وبلكن صرت دب بـالليل مع باقي الدبب، وما أكثرهم بساحات السياسة برقصات وبدبات ودبدبات لوم وعنب.

بخفة دمك ومع كمن حبة ترمس بحوزك تحميك من إرتفاع مفاجئ بضغط دمك.

حسام حمدان

كفرراعي/بوسطن

٢٠٢٤/٢/١٠

ALREEF
Lupini Beans
ترمس

شباط الخباط:

نحن في بداية شهر شباط ونقيبيته الخباط. فكن حريصا، كل فعل، عمل أو كلام قد يعني خبط، خبطة أو مخابطة.

فـإذا شعرت بـأنك خبطت أو رايح تخبط، إستغفر الله العظيم وبلاش تخبط رأسك بـالحيط.

بدنا إياك ساغ/صاغ سليم، فبهذا الوقت الخبط/ المخابطه عند البعض أصبحت خلقا/فعلا مباحا وروتين.

المطر إن خبط التربة يروي الشروش والجذور العميقة.

حسام حمدان

كفرراعي/بوسطن

٢٠٢٤/٢/٢

طبخة عدس:

بهذا الجو الصقيع، كل شيء بالمطبخ كان لي مطيع. طبخة عدس اصحيح مع عظمات سخل للجوع شفيع، طعمها لذيذ وعناصرها نافعة وبالجسم نفيع.

سرها بنارها وبهارها وبوصفة أصولنا وديارنا. حمدا لهداية رب العالمين وممارسة طبخات تراثنا من حين لحين.

حسام حمدان

كفرراعي/بوسطن

٢٠٢٤/١/٢٤

من حيث لا تحتسب :

تذكر دائما أن قلوب البشر بين أصابع يد اللّه. فأية حركة بتلك الأصابع قد تجتمع أو تتفرق أو تبقى ثابتة قلوب. فلا تستغرب من حب جديد، ومن كره غريب، ومن زواج عديد، ومن صمود حب عتيق.

فقد نقول : عندما تتحقق أمنية القلب، كل شيء خارجه يعود إلى قيمته الأصلية.

لعل اللّه يفرد يده ويحرك أصابعه بإتجاه ما تتمناه قلوبا صابرة بفجاة حب. لعله من وبالحب تنتهي حربا وينعش حرية وسلاما—من حيث لا نحتسب، امين..

حسام حمدان

كفرراعي/بوسطن

٢٠٢٤/١/١٠

الكاتب و الشاعر المهندس حسام حمدان / كفر راعي لدعم الإبداع

الشبابي

المجموع	الشخصيات	العقدة الدرامية	الاستهلال السردي	الفكرة	القصة
٥٠	١٠	١٠	١٥	١٥	"سعيد غزة" ؟
٨٥	٢٠	٢٠	٢٥	٢٠	أرجوحة تحت شجرة الخروب
٦٠	١٥	١٥	١٥	١٥	بقلاوة مُرّة
٧٠	٢٠	١٥	٢٠	١٥	"أيمن و قرية عين حوض" ؟
٩٥	٢٠	٢٥	٢٥	٢٥	الفارس الذي ضيّع حصانه!
٣٥	١٠	٥	١٠	١٠	قضاء أم أجمل قدر
٦٥	١٥	١٥	٢٠	١٥	زهرة الاقحوان
٦٠	١٥	١٥	١٥	١٥	"مجزرة الطفل" ؟
٨٠	٢٠	٢٠	٢٠	٢٠	سحابة القرية
٧٥	١٥	٢٠	٢٥	١٥	صمود
٧٠	١٥	١٥	٢٥	١٥	بيتنا في مِسكه
٧٥	٢٠	٢٠	٢٠	١٥	"قلادة الصليب" ؟
٧٥	١٥	٢٠	٢٠	٢٠	وشم في تُراب السنديانة
٧٥	٢٠	١٥	٢٥	١٥	1948
٩٠	٢٠	٢٠	٢٥	٢٥	ابنة طائر الفينيق
٦٠	١٥	١٥	١٥	١٥	قريتي القديمة
٧٠	١٥	٢٠	٢٥	٢٠	تغريدة بلابل السمّوع
٧٠	٢٠	١٥	١٥	٢٠	زيوفير " ليست عن فلسطين"
٦٥	١٠	١٥	٢٥	١٥	متى احتللت
٧٥	٢٠	٢٠	٢٠	١٥	مثلها سنعود
٧٠	١٠	٢٠	٢٠	٢٠	أمل أطل .. على قرية القسطل
٦٥	١٥	١٥	٢٠	١٥	شهادة ميلاد

١٠	٠	٠	٥	٥	قرى فلسطين المهجرة "مقالة"
٣٥	٥	١٠	١٠	١٠	على ضفاف الأمل
٥٥	١٠	١٥	١٥	١٥	أحمد سليمان

تم تقييم القِصص ضمن معايير ، بحيـث كـل معيـار يأخـذ ٢٥ نقطـة ، و عليـه فالمجموع الكُلي من ١٠٠ نقطة هو التقييم الكُلي للقصة ، موضحاً ادنـاه تعريـف معايير الاختيار.

❖ الفِكرة : بأن تكون الفكرة جيدة و مُبتكرة ضِمن إطار المحاور المطروحة للمسـابقة ، بحيـث يكـون الهـدف و العـبرة واضحة للمتلقي ، مـع التركيز على ربط الأفكار بالأحداث و الشخوص و البيئتين الزمانيـة و المكانية .

❖ الاستهلال السردي : يُعنى بما تنطوي عليه القصة من اللغة و التناص والانزياح والإيقاع والرمز والأسطورة و غيرها من الجماليات ..

❖ العُقدة الدرامية : تتضمن الحُبكـة المترابطـة و تسلسـل الأحـداث و ترابطها و تلاحمها و تصاعدها حتى الصراع.

❖ الشخصـيات : تتضـمن الأبعـاد الخارجيـة و الاجتماعيـة و النفسـية الداخليـة لشـخوص القصـة و توظيفهـا بمـا يُسـهم في رسـم الحـدث و تأطيره.

ريم الكيالي

مراد ساره

« تَنَصُّلْ »

أَيْنَما ثَقَفْناهُ مِنْ وَراؤُه أَوْ قُدَّامُهْ

بِدِّي بِدِّي تَبْدوا عَلى صَباحُهْ

جُزْءٍ نِصْفٍ كلاَّ كُلٍّ نِصالُهْ

حسام حمدان

كفر راعي / بوسطن

٢٠٢٤/٢/٢٤

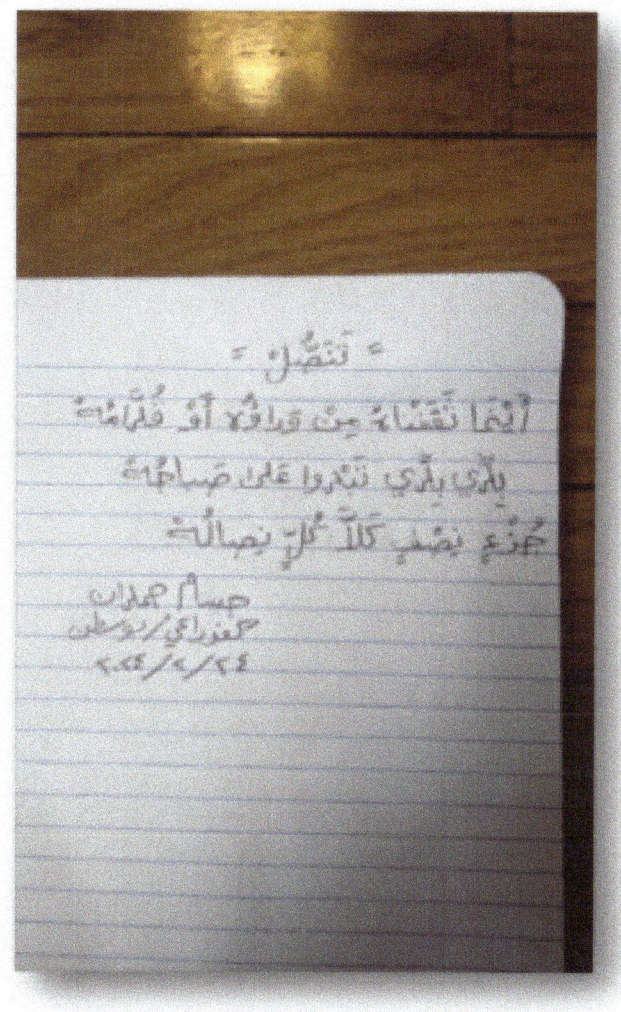
« تنفصل »
الغيا تقتباه من قرائه أو كتابه
بلكن بلدي نتغرو غلن صباحته
كنزع نضحب كل كل يصانة
حسام حمدان
مخزراعي / يوسف
2024/2/24

«فِيتو»

كُلَّ التَّنازُلاتِ وَالمُعاناةِ بِعقودٍ وَسَنَواتِ

إمْحَينينْ فِينا هَوِيَّةً بِحَقٍ وَإعْتِرافاتٍ

كُنَّا بِجَنَّةِ مَرْعى وَبِقَهْرٍ غُثاءً أحْوَى

هَواءُ الفِيتو سَواداً طَيَّرَالهَوِيَّةِ يَباساً بِمَأْوَى

حسام حمدان

كفر راعي / بوسطن

٢٠٢٤/٢/٢٥

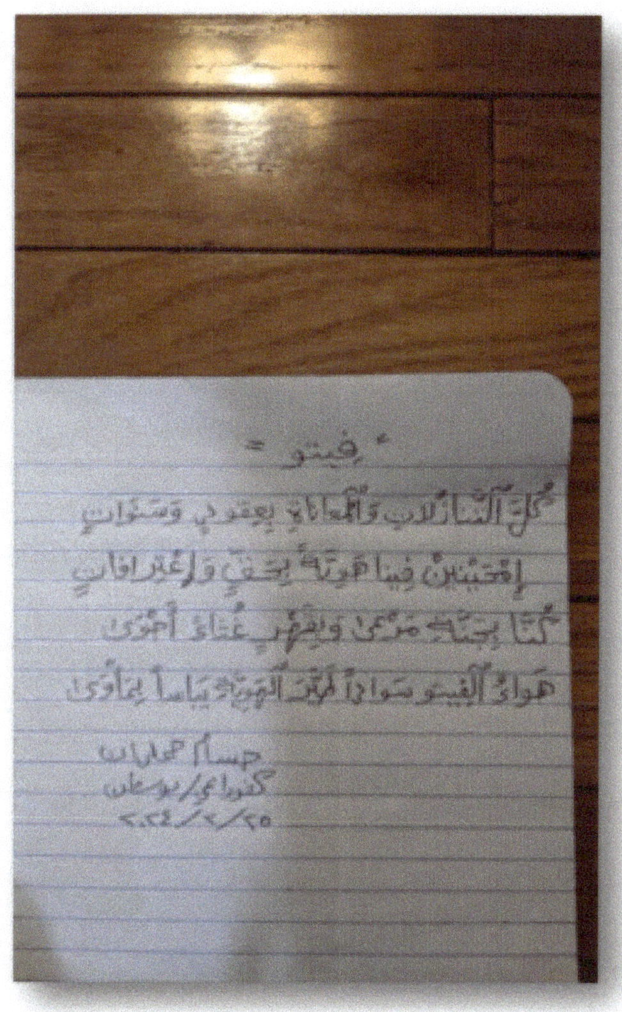

" فيتو "
كل الخسائر والمعارك يعقدني وسنوات
المنتين فيما مرة يبقي والعرافات
كما بجنبك مرمى والقمر غناء أخرى
هواك الفيتو سوان لمتن الهوية ياسا يحاوى

حسام عمران
كنيا هو / يوسف
٢٠٢٤/٢/٢٥

الفارس الذي ضيّع حصانه!

لم يأتِ يومٌ كان موج البحر هادئًا فيه كما كان في تلك اللحظة، بل لنقل ساعتها.. بدا ساكنًا كأنه صورةٌ التقطها مصورٌ ونشرها على لافتةٍ قرب سينما الحمرا في يافا، والذي زرتُه مع عمي العام الماضي حين ذهبنا لزيارة ابنته المتزوجة هناك، ورأيتُ وقتها صورةً للبحرِ تُشبه شط المجدل الذي أراه الآن تمامًا.. داكنة وجميلة، وبائسة جدًا..

في الحقيقة، لا أدري كيف استطاعت لحظة حزنٍ في داخلي أن تثبّت البحر مكانه؟ هل توقّف الزمن؟ أم انتقلتُ أنا إلى عالمٍ آخر في ثوانٍ معدودة!؟ وأقول ثوانٍ على سبيل المبالغة، فهي لمحةٌ خطفت مني روحي، لمحةٌ هرب فيها حصاني، لا لا أنا أحلم، أتخيل كلمة هروب فينتفض جسدي كالعصفور بلله القطر، لا بد أنني حين أعود من اللاوعي سأجده ينتظرني على الشاطئ

هنا، كما كان يفعل كل مرة حين أذهب أنا وهو للبيارة المجاورة أسرق برتقالًا لي وله من فوق السياج متخفيًا، لأطعمه وأبلَّ ريقي، بعد عناء التدريب والسباق الطويل... حسنًا استيقظ يا أنا،، استيقظ.. حتى مع ضرب الكفوف لم يتغير شيء، إذن هي الحقيقة، لقد ضاع مني حصاني..

حصاني، هل تعلمون ما معنى حصاني؟ يكاد يكون الوحيد في مدينتي المجدل، إذ لا شبيه له، ضحى، حصانٌ مؤصلٌ جاء من عائلةٍ عريقة كما كان يقول لي جدي كلّما رآني أو رآه، كأنه كان يعرف هذه اللحظة التي سيطير الحصان فيها مني!

ها أنا عدتُ من وهمي ثانيةً،، أيقظني صوت مدرّبي حيّان الذي عاد للصراخ عليّ من جديد:

• أهذه رفسةٌ ترفسها لحصانٍ طري كحصانك، خسارة فيك! ها هو قد طار كالحمامة البيضاء، وتقف كالمشدوه ساكنًا بلا حراك!

من قال لك إنني أقف ساكنًا، أشعر وكأنني بركانٌ قد سُدَّت فوّهته.. يكمل:

• احمد ربك أنه لم يعاملك بالمثل، وأنزلك بهدوءٍ تام كما اعتدت منه، وإلا لكنت أنت أيضًا في عداد المفقودين..؟!

خرج عقلي من دوامة عدم الإدراك: ماذا ؟!...متى هل فعلت ذلك فعلاً؟!

كنت أزدرد ريقي، وأسأله بقلق مكتوم: أين هو الآن؟! دون أن يسمع مدرّبي الذي لم يترك كلمةً إلا وسبّني بها، في الحقيقة هو ليس مدربًا، إنه فتى من عائلةٍ بسيطة من قرية الخربة جوارنا، وقد كلّفه أبي مهمة تدريبنا أنا وأولاد عمي مقابل بعض الأسماك التي تصطادها مراكبنا، فنحن كما يقولون عنّا "أولاد البحر" وقد تملّكنا سفن المجدل كلها.

قطّب حاجبيه، ونظر إليّ بحدةٍ مخيفة، قائلاً: اذهب وابحث عنه في هذا الاتجاه..؟!

كان مدربي وقلبي يتناوبان على جرحي»، جرحي الذي كان يتعمّق ﮯ جسدي، كلما داهمتني فكرة فقداني لحصاني للأبد!

زمجر المدرب ﮯ وجهي من جديد، بدأت أركض لا أدري ﮯ أي اتجاه.. بالكاد تلامس قدماي رمال الشاطئ... تعود بي الذكرى يوم كان جدي -رحمه الله- على فراش الموت بين آلاف الجرحى ﮯ ذلك المستوصف، نهار ثورةٍ ضد الإنجليز على المدينة، كان يلهث تارة، وتتقطع أنفاسه تارة أخرى، قائلاً وموجهاً نظره إلي:

لدي هدية لك ...

وقتها كنتُ طفلًا ولا أدرك صعوبة الموقف، ضحكتُ بصوت عالٍ:

أين؟ أين تلك الهدية؟

أخبرني ببطءٍ وثقلٍ ﮯ الكلام بأن حصان العزيز سيلد مهراً جميلاً قريباً وسيكون لي..

أصابتني فرحة عارمة جعلت قلبي يبتهج ﮯ تلك اللحظة، وزادت من انهمار دموعي وأنا أركض نحو اللااتجاه، بحثاً عن حصاني

"ضحى"..

وركضت،، لا أعلم كم من الساعات قطعت،، أنا الآن خارج حدود الزمان والمكان،، أريد حصاني ضحى كي أطير به مرةً أخرى لحياتي العادية، كي أعود للسباق من جديد قبل الغروب وبعد أن ينتهوا من الحصادة وسقاية كرم أبي المطل على البحر..

كنتُ كلما شعرتُ بأن قدميّ تخوناني، وأني لم أعد قادراً على الركض كالسابق، طغت رغبتي في إيجاد حصاني على عجزي الذي يتسلل إلى جسدي،،

كلفتُ ابن عمي سليم أن يسقي الكرم إن تأخرت، وقد لا أتأخر، وطلبتُ منه أن يخبر (أختي فضة) أن تحل مسألة الحسّاب لي، فهي ماهرةٌ فيها رغم أنها لم تدخل مدرسة المدينة، وأنا لا أفقه شيئًا مثلها..

في طريقي الذي لم أهيّئ له أي شيءٍ سوى قلبي المنتفض،، ركضتُ، تعثرتُ، وقعتُ، فنهضتُ، واصلتُ الطريق، أمسح قطيرات العرق

التي تتصبب من جبيني براحة يدي، أشعر بآلامٍ بمفاصلي، وظهري، وأطرافي السفلية التي ما عادت قادرة على حمل كومة اللحم والعظام البشرية، التي تعتليها ... يا إلهي لم أمشِ كثيرًا، من أين جاء كل التعب!

بالكاد كنتُ ألتقط أنفاسي، في كل خطوة تقدمتُها، كانت رائحة الهواء تختلف عن التي قبلها، يبدو أنني أصبتُ بالدوار، من فعل الجري خلف حصاني.. أنهكني الطريق، شعرتُ بثقل بجسدي، فهويتُ على أرض لا أعرفها بالتحديد،، ونمت جيدًا...

رُفع ستار جفنيه عن بؤبؤيه، وبدأت الرؤية تتضح لديه تدريجياً، بمجرد فتحه عينيه، رفع رأسه، الذي كان مثقلاً للغاية، فوضع كفّيه على صدغيه وضغط بقوة، من فرط الألم، نهض وهو يترنح شيئاً فشيئاً، كبندول ساعةٍ قديمة، في بيتٍ هجره ساكنوه، بدأ ينظر حوله ليعرف أين يقف، ما اسم الأرض التي تحمله، أي بقعةٍ من المجدل هذه؟ يبدو أنها اختلفت قليلًا! شكل البحر،

لونه، رائحةٌ خانقة تشبه رائحة البارود، هل جاء الإنجليز هنا..؟ رأى نفسه يقف على الشطِّ، أمامه البحر، ذو الموجات العنيفة، تضرب في الشاطئ وترتد إلى الأفق من جديد، لكن إلى الآن هو لم يعرف أين، ومتى وكيف ؟! بدأ يبحث بناظريه، عن أي شيء يثبت له أنه في علم وأنه لا يحلم، رأى شاباً يسير وعلى رأسه كرتونة فيها شيءٌ كأنه حلوى حمراء، ممتقع الوجه، ملامحه تحمل كل معاني البؤس، والتعاسة، وكأنه أنا.. ينادي: أبو الراويح أبو الفرايح... سأله بتردد: يا أخي أين الطريق إلى حارة الخلة..

ابتسم بوهنٍ وقال: خلة من؟؟ إنه شط المخيم..

- مخيم ماذا؟

- مخيم الشاطئ

- شاطئ المجدل القبلي أم الشمالي؟

- سلامتك يا حج، هذا شاطئ غزة!

• غزة؟! يسخر مني هذا المعتوه، لكن لحظة، هل قال حاج؟! أنا في الرابعة عشرة من عمري! هل أبدو عجوزاً، في نظره؟ ليس مهماً، المهم هو أن أعود أدراجي، شوطٌ طويل قطعته، ومن المؤكد الآن بأن حصاني العزيز قد عثروا عليه وينتظرني هناك...!

• "أيها الحاج إلى أين أنت ذاهب؟"

• بطّل تقولي يا حاج..!

• طيب، أين تذهب

• عائدٌ إلى المجدل في الشمال، حصاني كنتُ أبحث عنه هنا.. ضحك بسخريةٍ، فيها بعض من الشفقة: "يا عم هل أنت تدرك ما تقوله؟"

• "وهل في الأمر إدراك! أعود كما أتيت"..

• "يا عمي أغلقوا الحاجز قبل فترة، والحواجز لن تفتح إلى أجل غير مسمى، اذهب عند أقاربك الآن، وعندما يُفتح الحاجز

قد تعود إلى المجدل"..

"حواجز؟ أغلقوا ؟!..، من هم؟"

- "الصهاينة يا عمي"

- "الصهاينة ؟!"

- "هل كنت مسافراً خارج البلاد أيها العم؟"

- "لا لقد كنت في المجدل .. من ساعاتٍ فقط.. جئتُ أبحث عن حصاني، هرب مني، أقصد ضيّعته على حين غفلة فـ..."

ضحك نفس ضحكاته السابقة، قائلاً: ليس حصانك ما قد ضاع فقط!! احتلوا فلسطين يا عمي! ضيّعوها... استدار الشاب البائع،،

ذهب بعد أن تركني في دوامة، لا أعرف كيف أصفها، هل سافرت عبر الزمن؟ اُحتلت فلسطين، وأنا أركض باحثاً عن حصاني...؟!! بقيتُ قابعاً في مكاني، ساكناً لا أتحرك من هول الصدمة، جلستُ على الرمال الصفراء، ركّزتُ نظري نحو الأفق، أفكارٌ كثيرة

تتزاحم في عقلي، وتتخذ من رأسي ملعب كرة، فتضرب أسئلتها في جدران عقلي المتغافل عما يحدث، أين أنت يا حصاني؟، سابقتُ الزمن للحاق بك، تركتُ بلدتي لأبحث عنك، تركتُ عائلتي... منزلي، الذي يقع بالقرب من سوق الخضار البلدية المنعشة بألوانها ونكهتها...، تركتُ أرض والدي.. كان موعد حصاد زيتونها وشيكًا، بعد يومين، آه صحيح، وكنت قد وعدتُ شبان الحي أن أشوي لهم السمك في اليوم الأخير من الحصاد، قبل أن نعصره ونصدّر تنكاتنا للقرية المجاورة،، أظن أن هذا الطقس هو الملائم لحصاد الزيتون! ولا يعقل أن تختفي اللحظات فجأةً هكذا،، الزيتون ينتظرني، الشبكة، الحصان، المعصرة، الطاحونة، سهرة السمر ليلة الخميس، المناورة الفجرية البهية...،

وهذا البحر، هذا البحر.. ركضتُ على طول شاطئ بحر بلدتي إلى أن وصلت إلى هنا...، غزة التي تجاور مدينتنا، أين أنت يا حصاني، أعتليك فتركض بي بطلاقة، على الشطّ الصافي،

وتأخذني لأبعد من المجدل، ولكن شرط أن تعيدني إليها..!!

أطعمك بيديّ، أمسح على وجهك، أعتليك لأتسلّق السور كي أحضر التفاح من كروم المدينة خلسةً دون أن يراني أحد،، تأكل من يدي،، لا يعجبك التفاح الأعجر، فآكله أنا..

ذاك اليوم قد مضى عليه مدة، أنا لا أعرفها، أين، أين يمكن أن تكون قد هربت مني؟ وفي أي زمان ومكان أنا؟! هل توقف بي الزمن هناك، أم أنا حقاً هنا؟!

نهض فجأة، شعر بألمٍ حادٍ في ظهره.. يُحاول التماسك، وضع يديه على ركبتيه، وبدأ بضرب راحتي يديه في بعضهما، يزيلُ حبات الرمال الصفراء المبللة عنهما، سار نحو الأمام فالأمام، خطواتٍ تقدمها، وبعض الأمتار، وقف ليجذب الهواء إلى رئتيه، يتنفّس الصعداء، ثم يواصل سيره.. سار فترة من الزمان، ركض، بترنح، يكابر آلام جسده...

في لحظةٍ ما، وأثناء ترنحه الواهن، سمع صهيل حصانٍ على بعد

أمتار منه، صوتٌ لا يختلف عليه قلبه ولا عقله ولا جوارحه،
لا شك ﭬﻲ معرفته ذلك الصوت، رنَّ ﭬﻲ أذنه، جعله يلتفت حوله،
ﭬﻲ كل الاتجاهات، كل مكان، تراءى له خيال حصانه، الذي
يعرف تفاصيله ولو على بعد أميال، ابتسم، حتى ظهرت أسنانه،
واغرورقت عيناه بماءٍ مالح كملوحة مياه البحر، استجمع فتات
قواه، وركزها ﭬﻲ قدميه وركض، تعثر، مراتٍ عديدة، نهض متكئًا
على ذراعيه، عاود الركض، الخيال يبدو واقعاً، والحصان يقترب
أكثر، وهو يجرَ قدميه كما أنه جنديُّ أصيب ﭬﻲ معركةٍ ما، وهو
على بعد مسافةٍ من الالتقاء بعائلته، أدركه الحصان صاحبه..
كان وجهه غارقاً بالدموع، أمال الحصان برأسه ليستند عليه،
ويعينه على الوقوف، وقف بصعوبةٍ بالغة، ظل يمسح على رأس
الحصان، كان الحصان لا يزال شابًا، بل زادت رشاقته أكثر لولا
جرحه وبؤسه البادي ﭬﻲ عينيه، ظهره انتصب أكثر، وجسمه
تمدد كالريح.. لكن ثمة أشياء كثيرة تغيرت فيه، الغبار والجراح

والحزن.. "هل كنت تبحث عني، كما بحثت أنا عنك؟"

أردف والدموع تسيل في تجاعيد وجهه كالينابيع في وسط صحراء قاحلة، "أنا بحثت عنك طويلاً، انظر إلى رأسك المُعفَّر، لو أنك ما هربت مني، لما تغبَّر وجهك، ولما تعبتُ أنا ولما حدثت أشياء كثيرة..!

مشى داخل مخيم الشاطئ،، في أزقةٍ رمادية مزدحمة بالضجيج ثم الصمت ثم الأسئلة.. وعلى أطرافها هناك خيامٌ عالقة، لا تزال تنتظر من يبني لها مثل هذه الأبنية القاسية، مشى مع حصانه، رأى أطفالاً ونساءَ يجلسون على العتبات، ملابس مهترئة وأوعيةٌ كبيرة تسكب الطعام لهم، كتب عليها أحرف لا يعرفها، يبدو كل شيءٍ هنا معلّقًا، لا هو في الأسفل ولا في الأعلى، يا إلهي.. مشى مع حصانه،،

• "يا حاج يحيى أتريد شرب الشاي؟"

• "نعم

● هاتِ كوبين من الشاي لي وللحاج يحيى، وتعال تابع الأخبار،

هنالك اشتباكات مع الفدائيين في المجدل!

حلا احمد الزيناتي

فلسطين / غزة

أرجوحة تحت شجرة الخروب
علي مفيد الكفارنة
قطاع غزة
٢٢ عام

استيقظ من نومه فزعًا ، وراح يسعى يمنةً ويسرةً و ينظر هناك إلى البحر وأشعةُ الشمسِ تخترقُ الأفقَ البعيدَ تُطل من وراء ظهره ، يصعد على تلةٍ مجاورةٍ لعله يراهم ، ثم ينزلُ منها ويصعدُ على التلّة الأخرى، لم يرَ أيَّ شيءٍ يلوح في الأفق البعيد ، تنهّد بضيقٍ ، كانت أصعبَ لحظاتٍ يعيشها في حياته ...

تنبّه من شروده على صوتهم "هيّا .. هيّا "، أسرع إليهم قاذفًا نفسه داخل البحر، صار ثلاثتُهم يدفعون القارب بأقصى قوّتهم حتى استقرّ على الرمال هكذا خيّل لي وأنا أقول لهم : "هيّا بنا فلا تنسيا أنّ اليومَ هو يوم الموسم السنويّ ينبغي أن نسرع " ...

أربعةُ أيوب ـ نسبة الى أيوبَ عليه السلام. يأتي الناس الى هذه البقعةِ الصغيرةِ يجتمعون كبيرهم وصغيرهم ، غنيهم وفقيرهم ، يبيتون ﰲ القرية ثلاثةَ أيام يتقاسمون مع أهلها القوت والبيوت ، يجلبون من قراهم بضاعتهم التي صنعوها بأيديهم ، يبتاعون ويشترون ويستشفون ويتبركون ..

بعد أن انتهينا من جرِّ الشباك وفصل الاسماك و تجهيزها للموسم ، طلب أبي أن أذهب إلى البيت كي أجلب له الغداء ...

وصلت البيت فلم أجد أحداً ، هرعتُ إلى الساحةِ الخلفيَّة حيث شجرةُ التوت وفرن الطابون ، وجدتُهم ثلاثتَهم ، جدَّتي كانت تلُتَّ الطين مع بعض التّبن الذي نقعته ﰲ الماء قبل يومين ، تحمله بكلتي يديها وتضعه على الفرن ، وﰲ أثناء ذلك كانت أمي قد حضَّرت العجين و جهزت أختي حزمَ الحطب ، وأنا أراقب من بعيدٍ أنتظر قدومَ أول رغيفٍ على أحرَّ من الجمر ، تجهَّز الفرن فصار مثل مجرَّة درب التّبانة وقد تألَّقت أجرامٌ سماويةٌ عليها ،

مستديرُ الجانبين ذو قبةٍ ذهبيةٍ ، تقسمه إلى نصفين قطعةٌ من الاسمنت فيها فتحةٌ تترك العنانَ للهيبِ الحطبِ ليصيّر العجين خبزًا ناضجًا ، ثمّ تديره الى الجهة الاخرى فتقلبه (بسيخٍ) لينضجَ الطرف الاخر ويصيرَ جاهزا للأكل .

أكلت رغيفين ساخنينِ ، ثم حملت ما تيسَر من ماءٍ وطعامٍ إلى ساحة القرية ...

وصلت الساحة ـ أو الحوش كما نسميها ـ فهي على مقرُبة من مسجد القرية ، فاذا بها تضجُّ بالصغار والكبار والتجار والباعة المتجولين والبزّارين والحلّاقين ..

" ها هو سالم قد وصل " قال أبي ، ثم أردف هذا عمك أبو حسام وابنه ، سيكونون ضيوفاً عندنا هذا الموسم ، ثم قال بنبرة فيها بعضُ الفخر : " لقد أتوا لخطبة سلمى " ...

تركتهم هناك ويمّمت إلى مسجد القرية ، ها هو مسجد القرية تراه من بعيدٍ قديمَ البناء بُنيَ على تلةٍ مقابلةٍ للبحر كلما

صعدت إليه درجةً ازداد جمالًا وبهاءً ، ليس له مئذنةٌ ، كانت حجارتُه من أجود ما صُنع ، ترى فيها زهوَ عبد الملك بن مروان ، فقد سُمِّي باسمه ، يجاوره عن يمينه غرفتان لمن يأتي الى القرية زائرًا ، وعن يساره ديوانُ المختار ...

كنت دومًا أفضّل أن أختليَ بنفسي عند تلك الصخرة حيث الجبلُ العظيمُ الذي شقَّته الأمواج العاتية إلى نصفين ، جلست على الصخرة قبالة البحر ، أمسكت ببعضِ الحجارةِ الصغيرةِ من حولي ، وبدأت أقذف بها على الماء ، فجأةً وقع نظري على مدرسة القرية فتذكّرت أيام الصبا فأنا ولدت مع افتتاح أول صفٍ فيها ، فما إن وصلت الخامسة من العمر إلا وكان أبي آخذا بيدي إلى المدَرس الذي جاءنا من الأزهر الشريف ، كان يلبس عمّة حمراء ، جالساً نصفَ جلسة ويحمل في يده عصا (خرزانة) من شجرةِ لوزٍ ، يلقّن الطلاب سورة الفاتحة ...

عدت للبيت ولم أشأ اخبار أمي بقصة العريس بل تركت تلك

المَهمة لأبي ، في المساء أتى أبي وضيوفُه فضاقَ بنا البيت ؛ حينها قررت أن أنامَ انا وأخي سليمُ على سطح البيت ، حيث النسيمُ العليلُ والنجومُ المضيئة على صفحة السماء الصافية ...

في صباح اليوم التالي افتتح أبي موضوعَ خِطبة سلمى : " ما رأيُك يا أمّ سليمٍ بحسام ؟!"

" ما شاء الله عليه .. شابٌ خلوقٌ ومهذبٌ "

" لقد تقدم والدُه لخطبةِ سلمى له "

" امم .. ولكن كيف تزوج ابنتك خارج قريتنا ؟!"

" وما المانعُ من هذا يا امرأة ؟! "

" لا أريد لابنتي إلا أن تكونَ هنا بجواري ؟! "

" يا امرأة من يسمعك يقول بأن بيت دراس في آخر الكوكب .. ستكون ابنتك في الحفظ والصَون وها هي قريتهم قريبةً منّا .. ساعات ونكون عندها ، المهم الان رأي البنت "

نادى أبي على سلمى ، احمرَ وجهها خجلًا ، ثم رمقتني بنظراتٍ حانيةٍ كأنها تستشيرني ، هززتُ رأسي موافِقا فارتسمت ابتسامةٌ رقيقةٌ على محيّاها ...

أستغلَّ ابي الموسم وقرر عمل العرس في يومِه الثالث ، جاء وقتُ العرس ، تجهّزت النساء وضجّ البيت بهن ، فلم أجد نفسي إلا خارجه ، كان يُمنع علينا نحن الفتيان أن نحضرَ عُرس النساء فكنتُ أتخيلُها سلمى بثوبها جالسةً بجوار أمي وتقوم جدتي بنقش الحنّاء على يديها ، كنت أسمع الأهازيجَ والزغاريدَ والنساء يُنشدن ...

اما الرجالُ فتجمعنا قبيل المغربِ في الساحةِ ننتظر بفارغ الصبر وصولَ العريس بالثوب الأبيضِ والحطّة والعِقال ، لمّا قدم العريس وهنّأه الجميع صِرنا صفّين متوازيين وتوسطنا زجّال حمل عصا يلوّح بها وننشد وراءه ...

رحلت سلمى وزوجها إلى بيت دراس وتركَتْ فراغاً في البيت ، كنا نزورها مرةً كل شهرٍ ، أصبحتُ في أوقات الصيف أرتعُ بين بساتين التفاح والمشمش وكروم العنب هاربا من العمل في البيدر مع أخوالي نهاراً ومن الصيد مع أبي ليلا ، فمن ذا الذي يترك رائحة النَّعناع والزَّعتر والشومر ، ويستبدل هذا كله برائحة العرق والبيدر والسمك ؟!

أما في الشتاء فمعظم وقتي كنت أقضيه بعد المدرسة بين بياراتِ البرتقال والليمون ، اصطاد طائرَ السُّمّان والشَّتّار ، أصنع الفِخاخ ، وأبحث عن الفَحل – وهو دود كبير يحبّه السمّان – أضعه في الفخّ ثم أنسلّ لاختباً خلف الصخور أنتظر السمان حتى يقع في شراكي ...

يكون ذلك قبل موسم قطاف الزيتون ، موسم التعب والجد والكد ، فما أن يصلَّب الصليب وتنزل من السماء أولُ دفعةٍ من المطر إلا

ويبدأ أهل القرية بالقطف، نجهّز الفُرش والسلالم والأكياس ، وننطلق إلى الحواكير ، كنت بين الفينة والأخرى أتسلل خفية الى شجرة الخروب حيث أرجوحتي هناك تتدلى منها ، صنعها أبي من بقايا شبكة صيدٍ تالفةٍ ، ولما يحين وقت الفطور نجلس تحت الشجرة ، أجلبُ السلة التي وضعَت فيها أمي حباتٍ من البندورة والخيار وبعض الملح وفصيّ ثومٍ وفحلينِ من البصل وبضعة قرون من الفلفل ... ،

كنا لا نأكل إلا والزيت يقطر من أيدينا ، نسمّي ثم ننقض كالجوارح على تلك القصعةِ المسكينةِ فما هي إلا لحظات حتى تكون زبدية السلطة كالأرض الجرداء .

بعد الغداء شربنا الشاي ثم انطلقت هارباً منهم ، أصعدُ الى التلة خلف الحاكورة ، كانت هي الأعلى في القرية أرى منها معالم القرية كلها ، المسجدَ والديوانَ والسوقَ وحتى القرى المجاورة .

وبينما أنا على حالتي تلك أشاهد الشمس خجولةً وهي تُرسل ما

تبقى من أشعةٍ حانيةٍ على أغصان الزيتون ، فإذا بفتى لم يبلغ

العاشرة من العمر يمسكُ بيدي ثم قال : هيا يا جدي قبل أن

يحلَّ الظّلام فقصة الأرجوحة لم تنتهِ بعد .

علي مفيد الكفارنة

فلسطين / قطاع غزة

سحابة القرية

استيقظتْ ذات صباح سحابة صغيرة، تثاءبت ثم تمددت كما نتمدد حين الاستيقاظ، حتى أضحت تشبه أرض فلسطين. بدأتْ تتأمل ما استيقظت عليه كطقسها اليومي، وجدتُ أن الرياح حملتها في نومها كما يحمل الأب ولده عند النوم، ووضعتها فوق قرية خضراء تَسُر الأعين، تدعى خان الدوير.

كانت القرية عند الطرف الشمالي الشرقي لسهل الحولة، وتشرف عليه من جهة الجنوب، وكانت طريق فرعية تمر إلى الشمال الغربي منها مباشرة، وتصلها ببلدة (بانياس) في سورية، وببضع قرى أخرى منها (الخالصة)، وتعانق طريق عام يؤدي إلى صفد. لطالما كانت خان الدوير محطّ رحال القوافل التجارية المسافرة بين سورية، فلسطين، ولبنان.

طفتْ السحابة حتى توقفت عند موقع أثري يُعرف بتل القاضي

على بعد نحو كيلومتر إلى الشمال الغربي من القرية. ظلتْ مشدوهة من روعة مشهد الشلال وهو يصب مياهه في نهر التل، ويشرف على المشهد يمينًا ويسارًا أشجار خُضر، استقرت عليها خيوط الشمس الذهبية. وكان خرير الماء مع زقزقة العصافير وهمس الرياح المعتدلة، يشكلون جوقة متوازنة تؤدي معزوفة موسيقية خلابة على آلات الطبيعة. تذكرت السحابة بأعجوبة أنها قد أتت لتلك المنطقة من قبل في رحلتها الأزلية بين طرائق السماء، في أواخر القرن التاسع عشر، إذ كانت خان الدوير تتألف من منزلين حجريين مبنيين بالحجر البازلتي الأسود وبالطين. يعيش فيهما عشرون شخصاً، وكان المنزلان قائمان على سفح تل، محاطان بشجر الزيتون والأراضي المزروعة، كانت القرية تبدو كمزرعة أو بستان.

وتوالت السنون، وازداد عدد سكانها حتى ناف على المائة، وأخذ

في الازدياد حتى صاروا ثلاثمئة واثنين إبان عام 1948م، وكان أحد أطفال القرية مولعًا بالسماء، يستلقي فجرًا وغروبًا، ليتأمل السحابة المعتادة، إذ يرحب بها صباحًا ويودعها ليلًا، كان يحكي للسحابة الحكايات، ويطلق سراح خياله حتى يطير إليها، فتارة يظنها تؤكل فيقتبس منها قضمة، ويلوك سكرها الخيالي في فمه، وتارة يتوسدها ويسدل أستار عينيه فينام عليها، وفي مايو من نفس العام، ورغم اعتدال الأجواء، إلا أن السحابة عكفت تمطر دموعًا غزيرة، حينما رأت ما لمْ تتمنى رؤيته، أهل القرية يجلسون مدثرين بالسلام، ليأتي قومُ همُ الشر ذاته، ينزعون ثوب السلام عن أهل القرية، صفعوا الوجوه ولكموا الأذقان، ركلوا البطون وجذبوا الشعور، وأحدثوا ثقوبًا دامية في أنحاء متفرقة من بعض سكان القرية، ثقوبًا حولت اخضرار القرية لحُمرة داكنة كئيبة، هدموا المنازل هدمًا، اقتلعوا الأشجار

كأسنان طفل لبنية، وأحرقوا الحشائش، حتى غاب مشهد صراخ ذاك الطفل، ودموعه راوية الأرض عن أعين السحابة الباكية بكاء الثاكلة.

حاولتْ التحرك يمينًا ويسارًا لعلها تراه، تسأله إن كان لهما يومًا ما لقاء، لكن الرياح قد حملتها وأبعدتها عن القرية، وكأنها تقول لها بأن يكفي هذا رحمة بك. في الأيام التالية ظلت السحابة تذرع السماء، تبحث وتنقب عن القرية، حتى وجدتها، كانت كالذي مر على قرية خاوية على عروشها، ذبل الاخضرار، وحل سواد الرماد مقيمًا، هاجرت العصافيروأبت أن تزقزق بعد اليوم، وانهمر ماء الشلال في نهر التل ببطء، كسقوط من هده الحزن على سرير صنع من أشواك، وهوى الزيتون من أشجاره كمن هوى من سابع سماء لأسفل أرض، تدحرج حتى توقف محتضنًا أطلال وخرائب منازل كانت عامرة بالغبطة.

بحثت السحابة عن الجائرين القاسطين، لا بد من أنهم اتخذوا من الأرض مقامًا، لكنها لمْ تجدهم، لقد قتلوا من قتلوا وهجَّروا البقية، ثم تركوا القرية بلا استخدام، فاكتست القرية بالشجن والشوق لأهلها، تنتظر عودتهم يومًا، وتنتظر السحابة عودة الصبي.

أنهى الجد حكايته وهو على فراش الموت، ينتظر الأخيرَ بعد ثمانين حولًا، سعل سعلةً قاسية على صدره، ومسح دمعةً ظلنها الطفل الجالس بجانبه أن سببها السعال، فربت على صدر جده حتى هدأ هذا الأخير، فسأل الصبي:

• جدي، أتلك قصة حقيقية؟

• نعم، بني.

• مَن كان الطفل المذكور؟

• كان أنا، أتعلم يا بني أنك تشبه ذلك الصبي كثيرًا؟

- حقًا؟

- بلى، ولربما إن رأتك السحابة ظنتك أنا.

- أعدك يا جدي أن تعود القرية إلينا، وحينها سأوصل سلامك للسحابة.

تمت.

عابد الشريف

روائي وقاص /مصر / الشرابية

تشرين الدوايمة.. سقط غصن الزيتون فلم تشرق الشمس

مع غروب شمس كل يوم، يخلد ملايين الأطفال الى النوم متوسدين صدور أمهاتهم، الحق الذي انتزع من أطفال الدوايمة الذين أجبروا على نومهم الأخير بطرق هراوات البالماخ على رؤوسهم لتسقط البراءة متوسدة صخور الكهوف وجليد الأبار.

التاسع عشر من تشرين الأول لعام الف وتسعمئة وثمانية وأربعين... صباح رمادي شاحب استبدلت فيه رائحة الزيت والزيتون برائحة الدم والعظام المحترقة، صباح اغتصبت فيه العصابات الصهيونية عذرية قرية الدوايمة التي تبعد واحدا وعشرون كيلومترا غرب خليل الرحمن بمساعدة جيش ظلامي لدولة سلام مزيف بما يعرف بعملية يوآف العسكرية، فقتلت شيوخها ودمرت منازلها واغتصبت نسائها وهشمت رؤوس أطفالها بالهراوات.

ما ان دخلت العصابات القرية حتى هموا بتحطيم جماجم الأطفال بالهراوات ثم توجهوا الى مسجد القرية فأراقت دماء خمسا وسبعين جدا ما أجداد أولئك الأطفال الذين التجأوا بيت الرب بحثا عن بعض أمان يكفل لهم ما تبقى من سنوات العمر. توجهت بعض عائلات القرية الى الكهوف المجاورة للقرية فما لبث الجنود أن اكتشفوهم فأمروهم بالإصطفاف والبدء بالسير ليعدموهم أنفاسهم الأخيرة رميا بالرصاص محاكين بذلك أبشع الجرائم النازية التي ارتكبت بحق الأبرياء على مر التاريخ البشري، فسقط في تلك الليلة خمس وخمسون ضحية من أطفال وآباء وأمهات.

مختار القرية حسن هديب الذي لجأ الى مدينة الخليل بعد المجزرة كان شاهدا على 450 من الجثث في الشوارع ورائحة العظام المحترقة التي ملأت المكان، وفي شهادات لأهالي القرية أن مغارة "عراق الزاغ" القريبة من القرية قد ردمت فوق ما يقارب

المئة ضحية.

سجل أحد أعضاء حزب مبام، ش. كابلان شهادة أحد الجنود الإسرائيليين المشاركين في المجزرة وضمّها في رسالة وجّهها إلى رئيس تحرير الصحيفة الناطقة باسم الحزب، "عال همشمار"، في 8 تشرين الثاني/ نوفمبر 1948، أي بعد 9 أيام من وقوع المذبحة. لكن الرسالة بقيت طي الكتمان إلى حين عثر عليها المؤرخ الإسرائيلي بني موريس وذكرها في "ولادة مشكلة اللاجئين الفلسطينيين" الصادر سنة 1987. (نُشر النص الكامل للرسالة في صحيفة هآرتس سنة 2016).

يذكر الجندي أنه لم يكن هناك قتال أو مقاومة في الدوايمة، وأن الفوج الأول من المهاجمين قتلوا ما بين 80 و100 عربي، وقاموا بتحطيم جماجم الأطفال بواسطة العصي. ثم قام فوج ثانٍ بمحاصرة مَن كانوا في بيوتهم، واستجلبوا خبراء متفجرات

قاموا بتفجير المنازل على رأس من فيها. ويروي الجندي أن امرأتين مسنتين وضعتا في أحد المنازل وأمر أحد القادة زارع ألغام بتفجيره، وعلى الرغم من رفض زارع الألغام تنفيذ الأمر، الا أن العملية نُفذت.

وروى أيضا قصة امرأة كانت قد أنجبت حديثاً، استخدمها الجنود لتنظيف الفناء الخلفي حيث كانوا يتناولون الطعام قبل أن يعدموها برفقة رضيعها.

قام المراقبون الدوليون بإرسال تقرير سري إلى رؤسائهم ذكروا فيه : "ليس لدينا شك بأن هناك مجزرة وأن الرائحة المنبثقة من المسجد كانت رائحة جثث بشرية" طبقا لما ورد في كتاب أحمد العداربة "قرية الدوايمة". هذا عن شهادة المنظمة الدولية أما عن المجزرة في شهادات الساسة والمؤرخين الصهاينة فأولا يقول المؤرخ الإسرائيلي بني موريس في كتابه "تصحيح غلطة" والذي

نشر على حلقات في جريدة الدستور الأردنية بدءا من 15 مارس 2001م: "لقد تمت المجزرة بأوامر من الحكومة الإسرائيلية وأن فقرات كاملة حذفت من محضر اجتماع لجنة حزب المابام عن فظائع ارتكبت في قرية الدوايمة وأن الجنود قاموا بذبح المئات من سكان القرية لإجبار البقية على المغادرة".

ويتحدث ش. كابلان في رسالته، كيف كان يستمع على مدى أسبوعين إلى روايات جنود وقيادات يتباهون ببراعتهم في عمليات القتل والإغتصاب، وكيف أن هذه الأفعال كانت تُعتبر مهمة رائعة بالنسبة لهم.

عاد المختار حسن هديب وأدلى في سنة 1984 بشهادته إلى إحدى الصحافيات الإسرائيليات في صحيفة "حداشوت"، فذكر أنه طُلب من القرويين الذين التجأوا إلى الكهوف واكتُشفوا من قبل القوات المهاجمة، أن يبدأوا بالإصطفاف في خط واحد

والسير نحو الشرق، ليتم رميهم بالرصاص بعد ذلك. وللتأكد من صحة المعلومات التي أدلى بها المختار حسن محمود هديب، اصطحبته الصحافية مع أربعة عمال إلى المكان الذي أشار إليه، فحفروا في البئر المقصودة. وهناك تم اكتشاف مجموعة من العظام البشرية وبقايا هياكل عظمية ملقاة فوق بعضها، منها ثلاث جماجم تعود إحداها لطفل صغير.

على الرغم من عدم تحديد عدد الضحايا بشكل واضح الا أنه بحسب تقديرات الجهات الدولية فإن عدد الضحايا يتراوح ما بين 700 و 1000 قتيل، وعدد قليل من الجرحى إذ دأبت العصابات على عدم ترك شهود على المجزرة.

تسكن الأقلية التي نزحت من الدوايمة والقبيبة وبيت جبرين حاليا مخيمات مدينة الخليل حاملين معهم ما تبقى من الذاكرة ومفاتيح كنعانية لبيوت أنكرتها الخارطة وأقيم على ركامها

مستوطنة أماتسيا بعد أقل من سبع سنوات على احتضان الأرض من استطاعت من فلذات أكبادها ولم يتبقى من القرية سوى مقام الشيخ علي الذي يقع على تلة جنوبي غربي القرية وتحيط به أشجار البلوط والصنوبر ليبقى شاهدا يتيما على قدسية المكان.

نهيل الديك

فلسطين / رام الله

كانت قرية "عمواس" ككلّ قرى فلسطين الحبيبة، تتقافز ظباء البراءة والبساطة في عامودها الفقريّ، وتترصّع قامتها بلآلىء الفرح الفطريّ الخام.

كانت تجيد الحديث بكلّ لغات ولهجات المستقبل، وتجيد عجن رغيف الحياة بأصابع الإرادة والدّهشة والكبرياء، كانت تمشي وفي سلالها الكثير من أسراب الحمام وأغصان الزّيتون. ومن كنوز المحبّة والشّهامة الخالصة. كانت صباحتها لا تنسى الطّريق إلى المرعى القديم، هناك حيث تغازل الحفيف والينابيع وأثر الفراشات.

كانت دماء العزّة والطّيبة تجري في شريانها التّاجيّ. وكانت ذئاب اليأس لا تقوى على افتراس أيّ من حُملان إيمانها الصّلبة. كانت سيّدة الإرادة والجمال والأمل.

ويوماً بعد يوم، عرفت كيف ترث من عين الشّمس اليمنى جرأة الشّروق. ومن عينها اليسرى وشمَها الأبديّ على كفّ اليقين.

كان ذلك قبل أن تغزوها جحافل الشّرّ والاستعمار من كلّ صوب وحدب، وتحاول بكلّ سبل الخداع والمكر طمس حقيقة هويّتها، وتبديلها بهويّة مزيّفة مصطنعة، لا تمتّ للواقع بأيّ شيء. جحافل من الغربان راحت تنعق في كلّ خليّة من خلاياها. وتغطّي ذاكرة فجرها بعباءة الظّلام المشؤوم.

جحافل من رياح الخماسين. راحت تغتّر قلوب وأرواح أبنائها بغبار التّهجير القسريّ. تهدم البيوت والمدارس والجوامع. وتثبّت فوقها نُصُباً مشوّهة هجينة، لكن لا بأس، بضع خطوات في مقبرة، لا تجعل من الطّريق إلى الشّهيق والزّفير ميّتاً. إذن، ليست كلّ هذه الفجائع الّتي تلفّ أرجاء وجودها الآن، أكثر من مجرّد خداع بصريّ.

غداً أو بعد غدٍ، سوف تصنع الكثير من الطّائرات الورقيّة، لتقصف بها الفراغ الّذي تركه أزيز طائراتهم الوحشيّة في أُفقها الأزرق. ستجرّ عربات الألم والخيبة والعزلة إلى النّسيان. وتضرم الضّوء والوضوح في جسد الظّلّ.

غداً أو بعد غدٍ، ستعمّد بمياه الأمومة والدّعاء أقدار أبنائها.

وتكتب بلغة عربيّة حاسمة، أسماء الشّوارع والمقاهي، وأسماء المدارس ومتواليات الحُلم.

سترقص وتغنّي، وتثبّت على قدميها لتصل إلى عنان السّماء. أجل. أجل. إنّها ابنة الخصب والحقّ. لاشيء سيمنعها من أن تخلع قميص البؤس والحداد، ومن أن ترشق جسدها بوابل من الفرح اليوميّ. لاشيء سيجبرها على البقاء ولو ساعة واحدة فوق نقطة الصّفر. إنّها حيّة ترزق. في عروق كلّ نسمة هواء ونقاء وأغنية، في النّدى، والمدى، وتحت كلّ حبّة زيتون، وتحت كلّ حبّة تراب.

إنّها حفيدة طائر الفنيق. ستلد من رمادها مراراً وتكراراً. رغماً عن أنف كلّ حاقد وشيطان ومغتصب.

انس عبد الكريم الربيع

الاردن / السلط / طالب جامعي

الفهرس